私たちはどこで間違えたのか

日本戰後經濟史

精闢解讀

戰後復興、

—

高速成長、

—

泡沫經濟到安倍經濟學

野口悠紀雄
Yukio Noguchi

張玲　譯

前言

我對日本的社會和經濟，有一種不可思議的感覺。過去我好像只是模糊地意識到的那些問題，之後歷經各式各樣的事件，它們才逐漸具備了讓人無法否認的清晰輪廓。

本書關於戰後日本經濟的基本結構等觀點，是我以前就已經存在的。但是，應該如何評價它的基本結構，之前我並沒有確定的看法。所以在第二次世界大戰結束五十週年的一九九五年，面對「我們應該肯定日本到目前為止的經濟結構，還是應該否定它」的這個問題，我可能還無法提出毫無矛盾的答案。

但是現在，我則可以提出明確的答案。因為我已經清楚看到問題的核心所在，所以現在我必須把這個問題的核心說出來才行。

這就是我寫作本書的理由。

我們在一九四〇年左右出生的這一代，在生活和工作中，親身經歷了日本經濟的潮起潮落。我們從學校走向社會時，日本經濟剛開始高速發展，發展的速度在世界上也屬罕見。我們每個人在各自工作領域的最前線，都曾經肩負起發展經濟的重任。同時，我們也目睹了日本產品橫掃世界市場的榮景，但是，當我們面臨退休之際，卻又不得不眼睜睜地看著日本經濟走向衰落，覺得前途茫茫。換句話說，我們這代人見證了戰後日本經濟漲落起伏的整個週期。因此只要把我們的經歷彙整起來，大概就能寫成一部日本戰後經濟史。

不過本書並不打算以流水帳方式，記錄過去發生的各種事件，也不打算寫成我的私人回憶錄。我希望將這些事件當成一個連貫的大綱，在書中呈現出來，根據從中得出的體會來正確面對「我們現在身處何方」的問題。

為了達到這個目的，我將開頭提到的觀點作為本書的核心。用經濟學的術語來說，就是提出一個日本經濟結構的模式，由此來評價日本戰後七十年的經濟發展。

此外，也希望透過這個模式來找出日本在構築未來時的線索。不過我想事先提醒大家，我們由此獲得的展望並非五彩繽紛的未來。希望這本書能夠揭開多年以來，人們一直被灌輸的那些令人充滿期待的假象，為日本的未來敲響警鐘。

本書在附錄「戰後七十年回顧年表」中，特別設計了一個「個人歷史記錄欄」，希望讀者也能把自己的戰後史記錄下來。如果將個人的生活和工作經歷，與表格前一欄中的世界和日本大事加以對照，一定可以讓各位讀者更清晰地想起當時的回憶。

本書在出版之際，獲得東洋經濟新報社出版局長山崎豪敏先生、週刊東洋經濟編輯委員長谷川隆先生，以及該社出版局伊東桃子女士的鼎力相助，在此謹向他們表達衷心的感謝。

野口悠紀雄

◎目錄

第4章 金光閃閃的八〇年代——1980年～1989年

第5章 泡沫與一九四〇年體制同時破滅——1990年～1999年

第6章 前進中的世界把日本拋在腦後——1980年～

序章

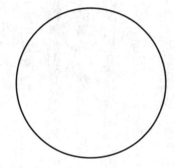

三月十日，我僥倖活了下來

我的記憶始於一九四五年三月十日深夜。空襲引發的大火染紅了天空，空中的美軍B－29轟炸機編隊正朝著我們飛來。強大的敵人殺過來了！我們對此卻束手無策。那種極度恐懼的感覺，我至今仍記憶猶新。

奶奶、媽媽、姊姊和我戴著防空頭巾，用嬰兒車推著年幼的妹妹，一家五口跌跌撞撞地經過地藏菩薩，衝向附近小學的地下防空洞。我現在還記著那時連滾帶爬的狼狽景象。然後，我們奇蹟似地幸運活了下來。

和我們一起躲在防空洞裡的人大部分都因為窒息而死。人太多，空間太小，長時間缺氧，從最裡面的位置開始，很多人都因為窒息而一個一個相繼去世。我們一家只是剛好待在入口附近，還能呼吸到從門縫吹進來的稀薄空氣，才倖免於難。

第二天早晨，被警防團的人拖出防空洞時，我們全家人都已經失去意識。醒來之後，看到燒焦的屍體在操場上堆積成山。那一刻，東京的天空是萬里無雲的晴天。

這就是「東京大空襲」。那一夜的經歷如此強烈地震撼了剛過四歲的我，甚至抹去了之前所有的記憶。

從空襲開始的深夜到大火被撲滅的短短八個小時裡，約有十萬人失去生命。在如此短的時間內，有如此多的人在同一地區死亡，這在人類歷史上也屬罕見（關東大地震的罹難者在兩天之內達到十萬。廣島原子彈爆炸導致到一九四五年十二月為止累計約十四萬人去世）。造成死亡人數如此龐大的原因主要有兩個。第一，日軍根本無法抵禦美軍的轟炸。日軍沒有戰鬥機在空中應戰，高射炮部隊僅僅打出大約五百發炮彈便被轟炸得潰不成軍。所以三百三十四架（也有人說二百七十九架）B－29轟炸機，在一千五百至三千公尺的低空，大搖大擺地飛進東京上空。東京市民就這樣在毫無防備的狀態下，赤裸裸地暴露在美軍面前。

百姓當時並不了解這一事實，而美軍卻是知道的。他們的轟炸機為了防止相互碰撞，都亮著尾燈。很多東京居民都誤以為這些毫不掩飾地在低空飛行的是友軍的飛機。

我清楚地記得當時自己看見了B－29轟炸機，可是B－29應該是在一萬公尺高空中飛行的轟炸機，肉眼怎麼可能看得到？一直以來，我都懷疑那是自己的幻覺。而現在我的記憶終於得到證實，因為肉眼的確可以看見在一千五百公尺高度飛行的飛機。

造成死亡人數眾多的第二個原因是，美軍嚴謹、科學且高效率的空襲計畫。美軍首先劃定了東西五公里、南北六公里的長方形區域，在邊界投下燃燒彈形成火牆。這樣後方的飛行小隊就可以根據這個標誌準確地進行轟炸。而在地面上，百姓卻被火牆堵住逃生路線。我家的位置靠近這個長方形的西北角，如果朝西北方向跑，或許可以逃脫。然而當時在地面上根本不可能知道這個情況。很多人以為跑到水邊就可以活命，都朝隅田川跑過去。對岸的人也出於同樣的理由跑過來，人們在橋上擠成一團，動彈不得。這時美軍拋下燃燒彈，造成一場人間慘劇。我很長一段時間都不敢接近這座言問橋，直到現在，大橋兩端的橋柱上還殘留著黑鴉鴉的印痕，那是當時在烈火中喪生的人們，留下的無法抹滅的痕跡。

據說逃到防空洞時，母親曾經絕望地說：「我們逃不到隅田川[1]了，就死在這裡吧。」姊姊聽了非常難過，不甘心就那麼死去。而從結果看來，母親誤打誤撞地做出了正確的決定。

指揮這次空襲的美軍司令是寇蒂斯·李梅（Curtis LeMay）少將，他在幾個月前才剛將德國的歷史名城德勒斯登夷為平地，而日本政府後來竟然為他頒發勳章。

從此不再信任「國家」

防空洞裡那麼多因窒息而死去的人們，他們一定以為愈裡面愈安全。我們一家之所以停留在入口附近，也不過是因為來得晚，已經擠不進去了。當時老百姓對於防空洞可能導致窒息的危險實在是一無所知。

後來我才知道，德國政府很早就教育人民在防空洞避難時，要小心避免發生窒息的危險。

1　隅田川：河流名稱，在東京都北區的新岩淵水門與荒川分流，注入東京灣。後文的言問橋即為連接隅田川兩岸的橋樑之一。

進入防空洞後，應該在相當於地板、人的腰部和頭部這三個高度的地方，分別點燃燈火，如果最高處的燈火熄滅，就要立即開啟排氣幫浦（羅傑．莫爾豪斯〔Roger Moorhouse〕《戰爭下的柏林》〔*Berlin ar War*〕）。或者當地板上的燈火熄滅，要立即站起來；如果位於腰部的燈火熄滅，要將孩子抱起來；如果位於頭部的燈火熄滅，即使外面的炮火再猛烈也要立即逃離防空洞（安東尼．畢沃爾〔Antony Beevor〕《柏林：一九四五年淪陷》〔*Berlin: The Downfall 1945*〕）。

可是日本政府不但沒有告訴民眾，防空洞可能發生窒息的危險，還要求民眾「遇到燃燒彈起火時要立即撲滅」。美軍在東京大空襲中使用的燃燒彈，威力和在越戰中用來燒毀森林的凝固汽油彈相同。它的燃燒性比汽油還要強，果凍狀燃料的燃燒溫度可以高達一千度左右，根本不可能用水撲滅。這樣威力強大的燃燒彈，當天有二十萬顆以上（也有說法是三十二萬顆）被美軍從高空投下，平均每平方公尺就有三顆。也有許多百姓因為忙於撲滅大火而喪失了逃生的機會。

三月十日的這次經歷，是我不再信任「國家」的原點。因為當極端的危機降臨在老百姓頭上時，國家並沒有幫助我們，不僅如此，甚至連危機降臨的訊息都沒有告訴我們。

對國家的疑問還不只這些。後來我了解到，二戰末期當蘇聯攻入德國時，為了保護遭到波蘭從本土隔離的東普魯士地區居民免遭蘇軍凌虐，德國海軍元帥卡爾·鄧尼茨（Karl Dönitz）派出全部海軍艦隊將當地居民盡數救出。

而日本對此又是怎樣做的呢？半藤一利在其著作中曾有這樣的記述：「對於已經做好戰敗準備的國家來說，軍隊最重要的任務是保護進攻地區和被佔領地區的平民百姓安全。翻開歐洲戰爭史，我們不難看到他們是如何拚死做到這一點的。而日本，無論國家還是軍隊對於這種戰敗國的國際常識都不了解。（中略）對於在決戰階段迎擊登陸的美軍之際，應該如何處置前來避難的無辜百姓這個實際問題，據說日本陸軍中央參謀給出的回答竟是：『沒辦法，碾死他們繼續前進。』」

此外，戰後以來我一直感到疑惑的是，在一九四五年五月八日德國投降以後，日本為何還要繼續戰爭？即使是六月才停戰，也會改寫無數日本人的悲慘命運。最近我終於找到答案。原因就是戰爭的指揮者們誰也不願意承擔責任，所以投降的決定才會一拖再拖（吉見直人《終戰史》）。

六月以後仍然持續戰爭，使多少日本人毫無意義地犧牲了寶貴生命！五月以後，為了勝利無望的戰爭而被迫賣命的士兵們，又是帶著怎樣的心情，堅守在絕望的戰場中呢？

我很幸運地沒有在三月十日那天變成燒焦的屍體，也沒有成為在戰爭中失去雙親的孤兒（即使能夠倖存，如果只剩下自己一個人，我一定也會像其他戰爭孤兒一樣，只能在上野的地下道中徘徊度日）。後來我也沒有被徵召當兵，一直活到迎接「戰後七十年」。這些偶然的幸運一次又一次地重疊，使我有幸在命運之門開開合合的瞬間，艱難地穿過那些縫隙。回首過去，為什麼我能夠如此幸運，唯一的解釋就是這是奇蹟吧。

一九四〇年左右，改革派官僚改變了日本

就在我們差點死於防空洞那年的五年前，一群被稱作「改革派官僚」的人正在試

圖改變日本。

為了確保在二戰中取得勝利，他們建立了「國家總動員體制」，將全國所有資源都用來為戰爭服務。他們為此制定的經濟制度，在戰後幾乎原封不動地被繼承下來，成為戰後日本的基礎。

關於這個經濟制度，本書在後文會多次提及，這裡先簡單介紹一下。

所謂改革派官僚，是指被派到偽滿洲國參與「國家管理」的一群官僚，其中的一位中心人物是岸信介。他於一九三九年從偽滿洲國回到日本擔任商工省次官，一九四一年又在東條內閣擔任商工大臣，積極拉攏親信掃除異己。以岸信介為中心的「統制派」將商工省的大權緊握在手中。根據岸信介以及他的心腹，也就是主導「統制派」的椎名悅三郎的姓氏，這群官僚也被稱為「岸─椎名陣線」。

他們的理念是對產業實行國家統制。他們認為企業必須奉獻給公共利益，而不得追求私利。此外，也不允許不勞而獲的特權階級存在。

事實上，岸的目標是建設日本式的社會主義經濟。對此，阪急電鐵公司的創辦者──戰前日本企業家的代表人物──時任商工大臣的小林一三曾毫不客氣地批判商工省次官岸信介為「赤色分子（共產主義者）」。

岸信介他們所信奉的思想，當時正在全世界不斷擴張。德國是「德國社會主義勞動黨（納粹）」獲得政權。就連資本主義大本營的美國，羅斯福政權的新政派也接二連三地拋出了政府主導型政策。

金融財政制度大改革

岸信介等人在對產業實行國家統制的同時，對金融領域也進行了大規模的改革。戰前的日本，企業主要依靠發行股票或公司債券的直接金融方式來籌措資金。利用銀行貸款來獲得資金的間接金融所占比例較小。對此，改革派官僚制定了一系列的政策，排除股東對企業的控制，確立了「銀行中心主義」，改由日本興業銀行等銀行為企業提供資金。

一九四二年制定的《日本銀行法》可以說就是這種統制式金融改革的成果。該法

第二條「日本銀行必須以達成國家目標為使命來經營」，明確規定了戰時經濟體制的基本理念。

一九四〇年，稅收財政制度也進行了大刀闊斧的改革。首先透過導入源泉徵收制度[2]，強化了對個人所得稅的徵收。日本是繼德國之後，世界上第二個導入源泉徵收制度的國家。同時，法人稅也被確立為一個獨立的稅種，從而改變了日本過去以間接稅為主的稅收體系，開始直接向製造業等現代的經濟產業領域徵稅。按照新的制度，稅收不經過地方政府直接交給國家，再由國家撥款給地方的模式初步成形。

此外，農地改革的準備工作也獲得很大的進展。地主是造成戰前日本農村極端貧困的主要原因。佃農租用地主的土地，用收成來繳付地租，地租平均高達收成的一半。所以農村的生活狀態，一直停留在一百多年前江戶時代的水準。

中央政府的很多官僚早已深感農村改革的必要。特別是農政官僚中有些人的改革

2 源泉徵收制度就是所謂的預扣所得稅制度，指由支付薪酬的人先行扣下應納的所得稅並繳納給稅務機關。一般適用於薪資、退休金、利息分紅和稿費等。

意識更為強烈。他們於一九四二年制定了《糧食管理法》。該法規定，佃農將糧食繳納給國家，國家付款給農民，農民再用其中的一部分向地主繳付地租。透過這項法令，地租由實物支付變為現金支付，農村的狀況大為改觀。

由於地租為政府規定的固定金額，不隨物價變動，因此隨著戰後的通貨膨脹，農民的實際負擔大幅減少。一九四〇年的時候，高達農民總收成五十點五%的地租，到了一九四五年已經實質上降到了十八點三%，租地制度成了虛有其表的存在。此外，政府還制定了「雙重米價制度」。也就是在收購糧食時，對農民和地主採用雙重標準。政府以高價收購農民的糧食，但是對從地主手中收購的糧食卻設定低價，這個制度也降低了地主的地位。透過這一系列措施，江戶時代以來一直未見起色的日本農村，在戰時體制下發生了巨大改變。

上述這些改革，均以贏得戰爭勝利為最終目的。岸信介他們對企業實行的改革，是把企業當作國家的工具，使企業的生產活動以滿足戰爭需求為重心。將直接金融改革為間接金融，則是為了利用產業的資金來支援和強化上述的機制。而租稅改革的目的，毫無疑問就是為了籌措軍費。

推行農村改革的農政官僚們或許受到社會主義式的扶貧思想影響。不過，從軍事角度來看，也很有必要使農村脫離貧困。因為農村是供給軍隊士兵的源頭，沒有強大的農村就沒有強大的軍隊。所以軍部（特別是陸軍）十分贊同農村改革。

戰後的日本企業在戰爭時期成形

在戰時體制下，日本的企業發生了巨大變化。戰前，日本的電力事業由多家民間企業經營和管理。但是一九三九年，政府下令將各地的電力公司統一為國策公司[3]，並成立日本發送電公司，繼而又重組為九家電力輸送公司，這就是戰後九大電力公司的基礎。

3 國策公司是指一九三〇年代後期，以促進日本帝國主義發展為目的，根據特別法設立的半官方半民營性質的一批企業。它們享有政府授予的特權，同時也接受政府的管制。

汽車產業也是同樣情況。戰前日本的汽車產業完全由美國的福特汽車、通用汽車和克萊斯勒汽車這三巨頭所掌控。因此，「九一八事變」時日軍的卡車也是由福特公司製造。政府為了改變這種狀況，於一九三六年制定了「汽車製造事業法」。該法規定，提高汽車進口關稅，對汽車製造產業實行許可制。豐田自動織機製作所和日產汽車公司得到許可。獲得許可的公司可以免交營業稅，在融資上享有特別優惠，進口機械及零件時免除進口稅。這些措施迫使美國三巨頭撤出日本。

戰爭時期，電機產業也獲得顯著發展。一九三九年芝浦製作所與東京電氣公司合併為東京芝浦電氣公司（即現在的東芝公司），與一九二〇年從久原礦業公司獨立出來的日立製作所一起，在軍事經濟的背景下得以發展和壯大。同樣，松下電器產業公司也因為從事軍需生產而開始成長（戰後松下幸之助曾因此受到開除公職的處分）。

鋼鐵產業從明治時期開始發展，一九三四年以官營八幡製鐵所為母體，由多家鋼鐵公司合併成日本製鐵股份有限公司，也是半官方半民營性質的國策公司。

上述企業與戰前的企業在性質上截然不同。戰前，紡織是日本製造業的中流砥柱。日本發動太平洋戰爭時，營業額最高的企業是鐘淵紡織公司（Kanebo，即現在的佳麗寶公司）。這些以輕工業為核心的傳統企業，不依靠銀行來獲得資金，因此極力反對政府的干預和管制。

美國歷史學家約翰．道爾（John Dower）曾經表示，日本的大企業只有索尼和本田是完全誕生於戰後的企業。他的見解完全正確，戰後日本的大企業，多數都是戰爭時期在政府的扶持下，依靠軍需生產快速成長起來的。

在企業管理、工會、城市土地制度等方面，情形也大致相同。也就是說，戰爭時期形成的機制在戰後被繼續沿用，並發揮了重要功能。此外，戰爭時期形成的「統制會」也成為戰後各產業協會的基礎。「統制會」的上級機構，即「重要產業協會」，在戰後則變成經濟團體聯合會（簡稱「經團聯」）[4]。

報紙領域也不例外。戰前，日本各地都有當地的獨立報紙。但是到了一九三八

4　經濟團體聯合會全名為一般社團法人日本經濟團體聯合會，英語名為Japan Business Federation。一九四五年由日本經濟聯盟會、重要產業協會、日本商工經濟會和商工組合中央會合併而成。與日本商工會議所和經濟同友會並列為日本最有影響力的三大經濟團體。

年，為了加強言論管制，內務省和情報局主導推行「一縣一報主義」[5]，對各報社進行合併，只有部分實力較強的地方報社被保留了下來。

此外，只有五種報紙獲准在全國發行，即《朝日新聞》、《每日新聞》和《讀賣新聞》這三種綜合報紙，以及專門報導經濟內容的《日本經濟新聞》和《產業經濟新聞》（現改名為《產經新聞》）。這種發行量之大，在全世界也屬罕見的全國性報紙體制也是在戰爭時期形成的。

戰爭時期形成的這些經濟體制，與戰前相比具有完全不同的性質，本書將之稱為「一九四〇年體制」。這套以全國之力來支援戰爭的國家總動員體制，在戰後也沒有受到任何影響，完整地被繼承下來，成為戰後日本經濟體制的基礎。

我們如今身處何方

本書目的並非羅列戰後七十年期間所發生的各種事件，而是要弄清楚「我們如今身處何方」的問題。專門羅列各種事件的歷史年表裡，會包含一些在發生當時驚天動地，但對現在卻沒有太大影響的事件。這類事件對我要講述的故事來說並不重要，那些並非本書討論的焦點。

那麼哪些是「對現在的日本社會帶來重大影響的事件」呢？進行評價和判斷時需要「視角」。

本書將從以下兩個視角來研究戰後的日本經濟。

第一是以「狗眼」看社會。所謂「狗眼」，就是從「地面的視角」，即我親身經歷的戰後日本社會和經濟的變遷。也就是自傳式的編年史。

第二是以「鳥眼」觀天下。所謂「鳥眼」，就是以「俯瞰的視角」來掌握戰後日本的社會與經濟發展。

本書的「鳥眼」可以稱為「一九四〇年體制史觀」。它與教科書那種人們普遍接

5 縣為日本的行政區域單位，一縣一報主義是指一個縣以一家報社為主。

受的歷史觀截然不同，對「我們如今身處何方」的這個問題，可以帶來大不相同的解釋。

一般認為，戰後的民主主義改革為日本帶來了經濟復興，戰後誕生的新興企業獲得高速成長。然而一九四〇年體制史觀則認為，「戰爭時期形成的國家總動員體制帶來了戰後經濟復興，戰時成長茁壯的企業實現了戰後的高速成長。」一九四〇年體制，也讓日本在因應日後的石油危機時，發揮出很大的功能。

在如何劃分日本現代史的問題上，這兩種史觀也有不同見解。一般認為，日本的政治、經濟、社會體制在一九四五年八月（日本宣布戰敗）時出現斷層。而一九四〇年體制史觀則認為，並非在那時出現斷層，應該早在一九四〇年前後就已經出現斷層。

以一九四〇年體制史觀這樣的「鳥眼」來俯瞰，不難發現，雖然一九四〇年體制已經不再適應日本經濟發展的需求，但它仍然企圖苟延殘喘，而這就是八〇年代日本產生泡沫經濟的原因所在。

此外，根據一九四〇年體制史觀，還可以發現安倍晉三內閣所實施的經濟政策，並非「擺脫戰後體制」，而是回歸戰爭時期及戰後體制。其基本方向是，否定市場的作用，強化國家對經濟活動的干預。而這正是一九四〇年體制的特徵。關於這一點，我在終章時還會再做說明。

第1章

戰時體制延續到戰後

1945
|
1959

1 廢墟中再次出發

野火燒不盡，春風吹又生

大空襲將東京夷為平地，在這片燃燒過後的廢墟上，老百姓們自建棚屋，像雜草一樣頑強地存活下來。

棚屋是指在自然災害後搭建的臨時住宅。我的母親較早從疏散地回到東京，向區公所借了復興基金搭建棚屋，開了一間小小的舶來品店。

土地則是租來的，在當時的東京，與自己擁有土地相比，租借土地的形式更為普遍。我依然還記得，在簽好土地租賃合約之後，母親與負責在地主與租客間斡旋的房仲人員交談時的興奮模樣。

戰後馬上借到土地和資金開始小買賣，我們一家也成了一九四〇年體制的受惠者。正如後文介紹的，在土地方面，租地權受到保護，租地權高於所有權。一旦簽訂了土地租賃合約，土地所有權人沒有正當理由既不能趕走租戶，也不能單方面提高租金。

再加上戰後的通貨膨脹，租金實質上不斷降低。我們一家雖然貧窮，但也跟著時代潮流，得到許多好處。

軍國少年的魚雷遊戲

空襲的大火使東京變成廢墟，可是對於孩子來說，這裡卻是天堂。木造建築都被大火燒得一乾二淨，只有水泥建造的學校、電報局，以及使用石頭建造的當鋪倉庫僥倖留存下來。澡堂的四壁與屋頂被盡數燒毀，只剩下水池和貼著瓷磚的地板光禿禿地露在外面。我們有時把這裡當作要塞，有時把它當作宮殿。在斷垣殘壁中，我們尋找、挖掘被大火燒得變形的玻璃碎片，當作寶貝。我們也會潛入禁止進出的校舍，趴在屋頂屏住呼吸，用磚頭設下陷阱捕捉小鳥。

水從破裂的水管裡漏出來，積成一灘淺池。對於我們來說，這灘淺池就是一個湖，湖邊盛開著紫茉莉花。直到今天，看到紫茉莉，仍然會勾起我對那個「湖」的回憶。那時，無論在東京的哪個地方都能清楚看見富士山。

當時我們每天都要玩魚雷遊戲。我們將之稱為「魚雷橫」，不知道為什麼要加個「橫」字，大概是扮演魚雷艇的孩子總是把棒球帽的帽沿橫過來戴在頭上的緣故吧。

孩子們分成兩方，每方由一艘戰艦、四五艘驅逐艦和十幾艘魚雷艇組成。戰艦通常由孩子王來當，遊戲規則是驅逐艦被戰艦摸到就算被擊沉，魚雷艇被驅逐艦摸到就算陣亡，而戰艦被魚雷艇摸到就算被擊沉。戰艦由驅逐艦護航出征，衝到敵軍陣營的話就算勝利。

魚雷艇如果跑得不快，馬上會被敵軍的驅逐艦擊沉，所以必須動作敏捷才行。我一向喜歡當魚雷艇，因為魚雷艇雖然最弱小，卻只有它才能打敗戰艦，我喜歡這種設定。回首過去，我發現自己之後也都是以當魚雷艇為信念走過來的。

雖說當時的孩子們除了這個遊戲以外，確實沒有條件可以玩棒球之類的其他遊戲，因為沒有任何棒球用品，地上也都是碎瓦礫，然而這個遊戲卻完成呈現出軍國主義思想。換句話說，和平國家的理念並沒有灌輸到孩子們的心裡。

常會聽到有人說，「那時孩子們最開心的是看紙戲表演（看圖說故事）」。雖然確實有人來表演紙戲，但我卻不認為它有多有趣。我更愛看連載漫畫，比如山川惣治的《少年王者》、小松崎茂的《地球SOS》、永松健夫的《黃金蝙蝠》，特別是在《少年俱樂部》雜誌連載的橫井福次郎作品《不可思議國的普恰》[6]，最令我興奮激動，每次的連載都令我期待不已。

有一次，我聽說有一本法國作家寫的《海底歷險記》特別有趣，正在書店裡出售，就纏著母親要買。母親不准，我晚上還難過到哭著入睡，結果第二天早上醒來卻發現這本書就放在我的枕邊，那時的喜悅心情至今依然令我難忘。

6 《不可思議國的普恰》（原名《ふしぎな国のプッチャー》），這是一九四六年刊登在《少年俱樂部》雜誌的連載作品，作者是橫井福次郎。這部漫畫作品在當時深受歡迎。據說日本著名漫畫家手塚治蟲的作品《原子小金剛》等也深受其影響。《不可思議國的普恰》描寫的是天才科學家的兒子普恰，乘坐父親打造的機器人飛往太空探險，後來又返回地球，平息了地球人與地球的地底國人之間的戰爭，這是一部首次描繪未來社會的日本漫畫。

當時最渴望吃到的食物是水蜜桃罐頭。因為我家買不起香蕉，聽到有人踩到香蕉皮摔跤的老笑話，我竟然也會羨慕得不得了。哈密瓜只有在生病時才有口福享受。在戰後初期，碗裡的麥粒總是比米粒多，後來米粒的比例才漸漸增多。而冰棒是絕對不可以吃的，據說吃了會得痢疾。

年底大掃除時，總是全家動員，大家合力將榻榻米抬起來清掃。不要的大型垃圾就隨便堆在馬路上，因為那時車流量很少，也無人介意這類的事。

淺草寺觀音堂的後面，有一座用鐵絲網圍起來的佛像是坐在船上的形狀。能夠在空襲的大火中倖存下來，想必因為是石像的緣故吧。傳聞從鐵絲網外朝大佛扔石子，如果石子落入船中便預示在外征戰的家人即將歸來。因為父親遠征他鄉，生死不明，我也曾投擲石子，期望父親平安歸來。

國小的建築因為是水泥建成的，所以在大火中殘留了下來。學校地下的防空洞就是我們曾經躲避空襲的地方。在大火中失去房子的人們以校為家安居下來。因此，我們只好借用別校的教室上課。

現代化建築變成廢墟，又被人們非法侵佔，這樣的光景總讓人懷疑文明是否正在崩潰。多年之後，當我造訪工業化初期的中國時，看見許多農民工睡在北京火車站裡。這情景恍若戰後初期的日本，不由得使我回憶起當時的往事。

現在重新看小學入學時的照片，打赤腳的孩子多得驚人。因為營養不良，很多孩子都流著鼻涕。到了冬天，孩子們都被凍瘡、手足皸裂所苦（不過我卻不記得有誰在夏天熱到中暑）。那時肺結核是不治之症，一旦染上，只能離開工作崗位和家人，被送往遙遠的療養院。小學一二年級時的班導就是因為肺結核離開了我們。

這段時期，我們最怕聽到飛機的轟隆聲，因為戰爭再來的恐懼總會襲上心頭。回顧日本在那之前的歷史，我認為一個人幾乎不可能一直逃過徵兵，平平安安地過完一生。所以我曾經認真地擔心什麼時候會被徵兵。不過我卻幸運地逃過徵兵的命運。每逢選舉，母親總是投社會黨一票，倒不是贊同社會主義，而是因為母親內心的願望是，如果社會黨執政，兒子就不會被徵兵了。

毫髮無傷的經濟官僚

當百姓們在大火過後的廢墟裡為生計而掙扎時，政府的官僚們也正忙於建構戰後的經濟基礎。他們首先考慮的就是如何維護自己的權益和地位。

負責管理軍需企業，對飛機等工業生產物資進行採購和管制的軍需省官僚們，急著趕在佔領軍進駐日本之前，將軍需省的招牌換成「商工省」。因為佔領軍進駐後，當然要開始追究戰犯責任。名字裡帶著「軍需」兩字的政府機構肯定無法繼續存在。軍需省原本就是商工省和企畫院在一九四三年合併而成，所以官僚們又把名字改了回去。

指揮這場更名作戰的人是椎名悅三郎事務次官。一九四五年八月二十六日，就在駐日盟軍最高司令官麥克阿瑟乘坐的飛機降落在日本厚木機場的四天之前，官僚們完成了相關工作。這個變身速度真是快得驚人！

就這樣，商工省近乎毫髮無損地在佔領時期得以繼續存在。後來，商工省又改名為通產省，主要負責對民間企業發號施令。這場更名作戰的勝因在於，佔領軍對於日本的官僚機構不甚了解，對於政府各部門在戰爭時期的所作所為更是一無所知。

當時，日本盛行各式各樣的更名活動，比如將「戰敗」改為「終戰」，將「佔領軍」改為「進駐軍」，就連佔領軍的最高司令部，在美國文獻中寫成SCAP（Supreme Commander for the Allied Powers：同盟國最高司令部），在日本卻被稱為GHQ（General Headquarters：總司令部）。

軍需省忙於更名作業的同時，大藏省則為了「阻止B圓計畫」陷入苦戰。所謂B圓是指佔領軍發行的簡易貨幣，通稱軍票。戰爭時期，日本也曾在自己佔領的地區發行軍票，並因發行過剩而造成當地的經濟混亂。如果同樣的事情在日本發生，不僅日本政府的貨幣發行權將被佔領軍剝奪，日本經濟也難免因此遭受打擊。

當時，打算在日本使用的軍票已經由美軍印好並裝船完畢，處於整裝待發的狀態。這種情形下，大藏省拚盡全力阻止軍票在日本發行和使用。最終，以用日圓提供佔領經費為條件，大藏省說服佔領軍放棄了軍票的流通和使用。不過由於沒有留下詳細資料，此事的具體交涉過程依然成謎。

大藏省的努力大獲成功。只有極少量的軍票被使用，佔領軍很快就放棄了在日本本土使用軍票。軍票運輸船的目的地改成了沖繩（沖繩曾長期處於美軍的統治，即使一九五二年結束對日本的佔領之後，美軍也仍然繼續控制著沖繩。B圓軍票一直作為法定貨幣在當地發行及使用，直到一九五八年才被美元取代）。就這樣，日本躲過佔領軍的干涉，保住了貨幣的發行權。

為了瓦解日本的軍事作戰能力，佔領軍對日本政府和企業進行改革。毫無疑問，軍部當然被撤銷，被認為是核心政府部門的內務省也遭到解體，被分割成建設省、勞動省、地方自治廳、國家公安委員會等多個部門。仿照美國的警察制度，警察變成由地方公共團體管轄的地方編制。不過由於警察們的抵抗，負責管理和統籌地方警察的警察廳被作為中央政府部門保留下來。

在組織重組的同時，這些部門在戰爭期間處於領導職位的人，大多被開除了公職。

但是，大藏省、商工省等政府經濟部門卻幾乎毫髮無傷地保留下來。當時日本全國有超過二十萬人以上被開除公職，可是大藏省僅有幾人遭到開除。

會出現這樣的結果，就是因為佔領軍對於日本官僚組織的實情知之甚少。他們不知道，戰時實際操縱日本經濟運行的正是大藏省和軍需省等經濟部門。

另一件事也充分證明了佔領軍對日本政府機構的無知。那就是佔領軍認為，毫無實權的文部省應當為強制推行戰時教育承擔責任，竟然討論將其廢除。開除公職的目的是為了追究戰爭責任，可是對於經濟官僚來說，他們受到的處罰根本不到傷筋動骨的地步。支持戰時體制的技術官僚們也被保留下來，戰後他們仍然繼續掌管和操縱著日本的經濟。

佔領軍民主化政策的真相

佔領軍還著手瓦解舊財團企業。因為佔領軍認為「財團是戰爭的罪魁禍首」，繼一九四六年頒布開除公職這些戰犯的命令之後，一九四七年大企業和軍需企業的經營管理階層也成為開除對象。

佔領軍對於日本的官僚機構和經濟體系知之甚少，他們傾向於按照戰前美國的邏輯來推測日本的情況。在美國，創辦美孚石油的洛克斐勒等財團對國家政治擁有巨大影響力。他們以為日本也是如此，所以試圖瓦解三井、三菱、住友、安田等大財團，消除他們的家族統治。美軍把日本的零式戰鬥機稱為「三菱」，三菱這個名稱廣為美軍所知，這大概也是導致日本財團成為目標的原因之一吧。

除了革除經營管理層的職務，佔領軍還對大企業進行分割。根據一九四七年公布的《經濟力量過度集中排除法》，日本製鐵、三菱重工業、王子製紙等大企業都成為分割對象。在美國，企業壟斷被看作是妨礙公平競爭，插手政治的「巨惡」。所以佔領軍想當然地認為，日本的財團也需要整治。

但是針對這些私人企業的改革，進行得並不徹底。被分割的企業，大多在佔領結束後又迅速恢復成原本的樣貌。

由於佔領軍對於戰爭時期形成，以銀行為中心的日本金融體系不甚了解，金融機構基本上被完整地保留下來。在美國，與戰前的日本相同，企業融資主要以股票和公司債券等直接金融為中心。美國的銀行基本上在各州範圍內營業，沒有與日本的都市銀行[7]一樣，在全國設立分店展開業務的大銀行。所以佔領軍並未理解「大銀行在資金方面掌控企業」的日本式金融結構。

還有一個小插曲也能說明佔領軍的無知。本章第二節將會介紹，日本因為復興金融金庫的過度放貸而發生通貨膨脹。擔任佔領軍總司令部經濟科學局長的威廉・莫克特少將（William Murcutt，他是一名職業軍人，曾任高射炮隊隊長）非常重視這個問題，他曾譴責通貨膨脹的罪魁禍首是「興銀」[8]。於是有人糾正：「閣下所指責的應該是復興金融金庫吧」，結果他立即啞口無言。

愛蓮娜・哈德里（Eleanor Hadley）是一名經濟專家，她於二戰期間在哈佛大學獲得經濟學博士學位，後來就職於美國國務院，參與制定日本佔領政策。她在著作《財閥解體——佔領軍總司令部經濟學家的回憶》（*Memoir of a Trustbuster: A Lifelong Adventure with Japan*）一書中，對當時佔領軍的情況描寫得非常詳盡。她提到，佔領軍中的大部分軍人不懂日語，不能獨立閱讀日語資料，他們對日本的了

7　都市銀行是指總部設在東京、大阪等大城市，並在全國多個區域開展業務的普通銀行。現在的日本都市銀行主要指瑞穗銀行、三菱東京ＵＦＪ銀行、三井住友銀行、里索那（Resona）銀行四大銀行。

8　興銀是日本興業銀行的簡稱，在歷史上曾經透過發行債券支撐日本明治維新之後的重工業發展、戰後復興和經濟高速成長，後來成為瑞穗銀行的前身之一。復興金融金庫是指為了復興經濟，一九四七年由日本政府全額出資設立的銀行。主要依靠發行復興金融債券為鋼鐵、煤炭等基礎產業提供資金支援。

解大都來自美國人類學家露絲・潘乃德（Ruth Benedict）的名著《菊與刀》。但是《菊與刀》以分析日本文化為主，並未分析日本的經濟。所以佔領軍對日本的真實情況其實一竅不通。

佔領軍必須透過翻譯，或是只能與精通英語的日本人談話。翻譯不一定精通經濟，而當時精通英語的日本人又幾乎全是官僚。官僚們當然不會向佔領軍報告對自己不利的資訊。所以對日本官僚來說，控制佔領軍並非難事。官僚們透過操縱資訊來誘導佔領軍，巧妙利用佔領軍的權力來實現自己制定的改革計畫。

「老大不在，小鬼當家」的公務員改革

曾經作為佔領軍總司令部職員來到日本，返回美國後在哥倫比亞大學任教的文化人類學家赫伯特・帕辛（Herbert Passin）也曾經提到佔領軍對日本經濟的無知。

為了對日本公務員制度進行民主化改革，佔領軍於一九四七年六月邀請由胡佛・布萊恩（Hoover Brain）任團長的專家顧問團前往日本。專家顧問團抵日後，向當

時的片山哲內閣提交了國家公務員法的草案（也稱胡佛草案），在確立職階制度、設立人事院、規範公務員勞動權等方面，向日本政府提出建議。

其後，胡佛因故暫返美國，日本的官僚們趁機將草案中不利於自己的部分，比如人事院獨立、禁止職員罷工等規定或修改或刪除，並趕在胡佛回到日本之前，將經過修訂的草案提交國會，《國家公務員法》在一九四七年十月被正式通過。聽說胡佛得知此事後曾大發雷霆，但也已經無濟於事了。這就是所謂的「老大不在，小鬼當家」的公務員改革。

關於公務員改革，胡佛在原草案中提出，設立人事院，集中管理公務員的錄用及升遷等人事工作。但是在日本政府中，這些人事工作卻是由各部門單獨進行的。各部門都不願撒手放權，所以官僚們將這部分內容從草案中刪除。結果，雖然設立了人事院，但官僚的錄用和升遷等人事工作仍然由各部門自行決定，人事院最終成為有名無實的存在。

對此，帕辛認為「佔領軍對日本官僚制度的無知」是根本原因。將公務員人事權交由人事院專門負責的公務員改革，其實正是當時美國公務員制度改革的基本方案。

在美國，公務員的高階職位是實施政治任命制度，也就是高階公務員人選由當權政治家根據個人判斷來決定。這本是為了實現任人唯賢而設立的制度，但實際上，政治家們為了確保選舉獲勝，常常會有檯面下的交換條件，利用這一制度將重要職位，賦予在資金或選票上為自己做出過重大貢獻的人。

這項制度實際上變成政治酬庸，成為美國公務員制度的重大問題。其結果是，只要政權交替，政府各部門的主要官員就會隨之變化，人事被各種利益和權力關係所制約。為了確保任人唯賢，應保證人事不受各方干擾，必須設立中立的人事院來處理人事工作。佔領軍基於這種考量，提出了日本公務員制度的改革草案。

不過在日本並不存在官僚的政治任命制。所以官員們也無心認真地對待改革，不過是草草了事而已。對於帕辛的上述觀點，我也深以為然。

德國也保留了技術官僚

一般認為，同樣作為二戰的戰敗國，日本在戰後沒有認真追究戰時的指揮者，而德國卻徹底清除了納粹分子及其支持者。

在德國，曾抵抗過納粹政權的科隆市市長康拉德．艾德諾（Konrad Adenauer）成為戰後西德的第一任首相。而在日本，當選為戰後第一任首相的卻是在戰前擔任外交官的吉田茂。

一般觀點認為，德國的戰爭責任受到徹底追究，而且由於人們對德國的權力機構有著正確的認識，所以，根據一個名為「摩根索計畫」（Morgenthau Plan）的佔領政策，戰時的德國中央政府遭到完全瓦解，納粹的殘餘分子被徹底地趕出政府部門。

這在某些方面確實是事實。但是關於戰時德國的官僚機構是否被完全瓦解，這也依然尚有疑問。

托尼．朱特（Tony Judt）在其著作《戰後歐洲史》（*Postwar: A History of Europe Since 1945*）中指出，西德在戰後實施經濟政策的過程中，納粹時代的技術官僚也發揮了重要的功能。也就是說，二戰以後，戰敗國的官僚機構得以保留，這並不是僅在日本發生的特殊例子。

農地改革其實是戰時的改革

一九四七年到一九五〇年的農地改革是佔領政策的核心。一般觀點認為一九四五年十二月駐日盟軍總司令麥克阿瑟向日本政府遞交的《農地改革相關備忘錄》是一九四七年日本農地改革的藍本。但是，這次農地改革其實也是留任下來的改革派官僚精心策畫的。早在一九四五年，農地改革法案的草案就已構思完成，並提交內閣部長級會議進行討論。但內容與改革派官僚當初的提案相比有大幅倒退，改革力度被大幅削減。因此，改革派官僚誘導佔領軍發表聲明，表示「第一次農地改革」進行得不夠徹底，並於一九四六年推出「第二次農地改革法」，公布《農地調整法修訂》和《自耕農創設特別措施法》，並於一九四七年開始實行。此次改革法案與改革派官僚最初提出的改革方案較為相似，內容更為激進。

「第二次農地改革法」規定，不在地主的全部租用地，以及在村地主的租用地中超過一定面積的土地，由政府強行徵購再轉賣給佃農。

政府以「交付公債」的方式向地主支付購地款。所謂「交付公債」是指由國家發行的債券，一定期限以後，持券人可以憑券換取現金，但不允許轉讓。由於後來發生通貨膨脹，「交付公債」的實際價值大幅縮水，幾乎變得沒有什麼價值。

從內部晉升的大企業管理者

被稱為「日本式管理」的企業管理方式雛形也形成於戰爭時期，並沿用至今。這種日本式管理方式有幾個特徵。第一，幾乎所有大企業的管理者都是在公司內部晉升產生。日本大企業的「社長」其實就是在總公司人才晉升賽中獲勝的勞動者。而在美國，公司的管理者往往是一種專業人才，從公司外部聘請有能者擔任的情況並不罕見。有時還會將對手公司的管理者挖角過來。

實際上，戰前的日本，依照大股東們的意願，從公司外部錄用管理人才的情況也相當普遍。之所以形成現今這種「日本式管理」，其實也是戰時企業改革的結果。

戰爭時期，日本政府先後發布了一九三七年的《臨時資金調整法》、一九四〇年的《銀行資金運用令》、一九四二年的《金融統制團體令》等多個法令。政府根據這些法令，對金融機構的貸款實施管制，優先對軍需企業的投資，促使直接金融轉向間接金融的發展。一九三八年的《國家總動員法》規定，企業發給股東的分紅不得超過一定的限度。因此導致股票價格走低，迫使企業不得不向銀行融資。

經過這一系列的改革政策，戰前占主要地位的直接金融在戰爭時期失去市場，間接金融成為主要方式。企業的所有權與經營權不斷分離，大股東們對公司的影響力逐漸被削弱，銀行的發言權變得更強。政府透過操縱銀行的資金分配間接控制了民間企業。

公司股東無法像戰前一樣參與公司的管理，也帶來另外一個副作用，那就是公司最高管理者自己選擇繼任者，在之後變成一種慣例。結果造成日本大企業的管理者都從公司內部晉升上來。

工會與公司是命運共同體

「日本式管理」的第二個特徵是日本工會的特殊性。在其他先進國家或地區，無論美國還是歐洲，通常是按產業分類來組織工會。戰前的日本，工會也是由該產業的各企業聯合組成。但是戰後誕生的工會，基本上卻是由各企業單獨設立的組織。

之所以形成這種特徵，是因為日本在戰爭時期構建的組織結構在戰後被繼續沿用。其前身是一九三八年成立的「產業報國聯盟」。之後由於勞資糾紛不斷增加，為了協調勞資關係，一九四〇年又成立了全國性組織的「大日本產業報國會」。政府主導設立的這一制度由勞資雙方共同參與，以各企業為單位，以促進勞資雙方的溝通和提高員工福利為目的，在內務省的指導下得以迅速普及。

在產業報國會這種協調勞資關係的新制度獲得普及的同時，之前的傳統工會則在戰爭時期遭到強制解散。

一九四五年，在駐日盟軍總司令麥克阿瑟指示下頒發《五大改革指令》。根據該法令，眾多工會紛紛誕生。不過這些工會幾乎全部脫胎於之前的產業報國會，只是換湯不換藥。

以企業為單位的工會，與企業命運相連。所以工會並不會把工作重心放在與資方抗爭上，而是盡力協調勞資關係，推動企業成長。戰後經濟高速成長期，具有這種特徵的日本工會，對推動企業成長做出了重要的貢獻。

由此可見，象徵戰後日本特色的日本式企業管理方式和勞資關係都源於戰爭時期。戰前以歐美為原型的日本民間企業，在戰時改革中發生了本質變化，經歷戰爭剛結束時的勞資對決之後，終於在經濟開始高速成長的五〇年代中期形成了，以勞資合作為特色的「日本式管理」方式。

實施日本式管理的企業，如同軍隊一樣，從最高管理者到一線員工，所有人都為了共同的目標而通力合作。這裡的共同目標首先是公司的生存，其次是擴大市場，在同業競爭中獲勝。因此從這個意義上來說，把對公司高度忠誠的日本企業員工比喻為「企業戰士」，的確是實至名歸。

神秘的蘆之湖

從二戰結束到五〇年代初期，日本的交通條件非常惡劣。雖然一九五〇年三月開通了從東京到沼津的「湘南列車」，但一開始的時候，列車故障頻傳，人們將之戲稱為「遇難列車」。就在這一時期，我們全家去了箱根旅行，這是我家戰後第一次的家族旅行。我們乘坐剛開通不久的湘南列車到小田原，然後轉乘一種以木炭為燃料的公共汽車，一路顛簸到蘆之湖。湖的周圍什麼也沒有，那時的蘆之湖還是藏在深山裡的神秘之湖。

國小畢業旅行時，我們去了伊豆下田[9]，列車只到伊東，剩下的路程還是要坐公共汽車。途中經過以險峻著稱的天城山，公共汽車轉過崖面的急轉彎時，車體的後半部分被甩出路面懸在空中。最後到達目的地石廊崎時，我幾乎有種到了世界盡頭的感覺。

我們的家族旅行，在之後還去了伊豆的片瀨和稻取、長野的湯田中等地。那時不用說千葉縣的稻毛海岸，就連東京的大森也可以享受海水浴。

現在的人們可能無法想像，當時的社會基礎設施是多麼貧乏。醫院和衛生所總是人滿為患，停電也是家常便飯。道路上有拉著貨物在奔跑的馬車，沖水式廁所也尚

9　日本伊豆半島的有名觀光地。

未普及。屋外的垃圾桶裡堆滿亂七八糟的垃圾，總是引來許多蒼蠅嗡嗡亂飛，家裡也都掛著捕蠅紙。

那時日本人乘坐的汽車大都限於公共汽車、卡車和三輪車，所以美軍的吉普車極為引人注目，大一點的十字路口經常有美國憲兵在指揮交通。根本沒有國產汽車，街上跑的幾乎全是「美國製造」（國產小汽車的生產限制直到一九四九年才被解除）。所有的汽車品牌我都認識，現在偶爾聽到那些已經不復存在的汽車品牌，還會讓我感到懷念。有一次，我看見有個穿著長靴的男人英姿颯爽地邁下保時捷跑車，曾經羨慕地暗想「有一天我也要這樣」。

一九四九年十月，美國舊金山巨人隊來到日本，與日本職業棒球隊舉行了友誼賽。雖說日方組織起幾乎囊括所有王牌球星的豪華陣容，可還是被強大的美國隊打得落花流水、一敗塗地。就在那一天，我在後樂園球場，第一次品嘗到只限當天特價銷售的可口可樂，那不可思議的味道成為我最早的「美國印象」。

就連我家也請了保姆，可見當時的勞力需求是多麼疲軟。這一時期的某一天，我們收到了正式通知，得知父親於一九四五年六月在菲律賓民答那峨島陣亡。

可能是父親所在的輸送船遭到攻擊。接過據說是裝著父親遺骨的骨灰盒，搖晃時能聽到裡面發出喀啦喀啦的響聲。不過裡面不可能會有父親的遺骨，大概是一些石頭或者木片吧。

如果父親是六月陣亡的話，那麼他在三月時應該還在日本國內，得知東京大空襲的可能性很高。不知家人的安危如何，父親一定非常擔心吧！

到了國小高年級之後，我每個周日都會和同學一起去神田萬世橋的交通博物館，然後把我們在那裡待了一天查到的資料貼到教室裡。

我剛好在「六三三學制」開始的那年上了小學。從這個意義上說，我們這代人看似是戰後教育的寵兒。不過，我並沒感覺到自己接受了民主主義教育或者和平教育。當時的公立學校，完全沒有民主主義氣氛。年級的班長、學生會會長、委員都是由老師委任，而不是由學生們選舉產生的。畢業典禮上朗讀歡送致辭或者答謝致辭的學生也是一樣。總之，學校裡沒有絲毫民主主義的跡象。

學校才藝表演會的表演者也由老師指定。如果是戲劇表演，當然有主角、配角等各種分工，不可能做到人人平等，可是在日本不知從什麼時候開始，學校的才藝表演會卻變成一齣人人都當主角的全員平等劇。

當時沒有補習班，公立國中堂而皇之地上著各種補習課。學生們按考試成績高低分班，如果放到現在，這種做法肯定要被視為重大問題，可是那時這種能力重視主義卻可以不受任何質疑地大行其道。這與其說是戰後教育，還不如說是「戰時教育」。

那時候，我看了很多電影。在東劇[10]看完歐美電影的試映，回家時再到末廣餐廳吃一頓西餐，這是我一年僅能享受一兩次的奢侈。對小學生來說，在鋪著白桌布，擺放著刀叉的餐桌前坐下的那一刻真是令人雀躍的瞬間啊！

一九四七年在日本上映的一部名為《石之花》（蘇聯第一次採用特藝彩色法拍攝的電影）的蘇聯電影中，蜥蜴搖身變成銅山女王的那一幕讓我留下了深刻的印象。很久以後這部影片被製成DVD，當我激動地再次回味時，卻發現當時的神秘感已經蕩然無存。科技的進步雖然使人得以重溫曾以為再也沒有機會看到的電影，但也使當年深埋心底的神秘憧憬灰飛煙滅。

2

傾斜生產方式與通貨膨脹

重建基礎產業

為了使戰敗而荒廢的經濟得以復興，日本政府首先著手救助金融機構。一九四六年度一般財政預算的二十％被分配為產業經濟費，拿來補償因為政府停止發放「戰時補償」而蒙受損失的銀行，以防銀行破產。

接下來，政府又採用「傾斜生產方式」重建國家基礎產業。「傾斜生產方式」就是將短缺的資源，盡量分配給煤炭和鋼鐵等重要的基礎產業，恢復生產設備，使基礎產業的生產能力得到復甦和發展。這項政策於一九四六年年底通過，一九四七年

10　東劇是指位於東京銀座的老牌電影院。

開始實施。

傾斜生產方式的機制是以價格差額補助和復興金融金庫的貸款為核心。所謂價格差額補助就是從一般財政預算中支出的補助金，先由政府制定公定的煤炭價格，接著政府再以財政支出來補償，因為上述原因而產生赤字的企業，一九四〇年開始實施煤炭的價格調整補助金制度。

舉例來說，政府先抑制煤炭價格，讓鋼鐵公司以低價購買煤炭，接下來又抑制鋼鐵價格，讓加工廠商以低價購買鋼鐵。政府再透過補償方式，對產生赤字的煤炭公司和鋼鐵公司發放補助金。價格差額補助占政府預算相當大的比例，如一九四七年的價格差額補助就占當年預算的四分之一左右。

復興金融金庫是對國家基礎產業的設備進行投資，以及對資金的機構。一九四六年成立的日本興業銀行復興金融部於一九四七年一月從該銀行獨立出來，成為復興金融金庫。其資金來源主要依靠發行復興金融債券，復興金融債券的發行金額龐大，約占當時全國銀行貸款總額的四分之一，其中的七成由日本銀行購買。

復興金融金庫按照當時的中央銀行利率向基礎產業提供貸款，遠遠低於物價上漲率。所以名義上是貸款，其實就是政府要求日本銀行增印紙幣，為企業提供資金。在資金分配的這個過程當中，戰爭時期形成的間接金融體系和政府對金融機構的融資管制系統都發揮了極大作用。藉由這些做法，政府完全掌控了資源配置。這些體制的原本目的是向軍需產業集中資源，到了戰後則被用來幫助基礎產業集中資源。

傾斜生產方式帶動基礎產業迅速復甦與發展。煤炭、鋼鐵產量急遽增加，使煤礦產業進入高峰期。一九四六年日本的國民生產毛額為四千七百四十億日圓，一九四七年增長為一兆三千零九十億日圓，一九四八年達到兩兆六千六百六十億日圓。在戰爭中，日本的工廠及社會基礎設施被破壞殆盡，因此戰後重建不得不先從這些方面著手，這也具有促進日本經濟發展的一面。英國雖然也在空襲中受創，但是由於二戰前的陳舊設備和社會基礎設施仍然存在，所以在某種程度上影響了工廠生產設備的更新換代，也推遲了現代化社會基礎設施的導入時間。日本正是因為在戰爭中受到重創，工廠及社會基礎設施被完全破壞，所以才能在戰後迅速引進當時最先進的生產設備，並且修建了最新型的基礎設施，這也間接促使了日本的經濟快速成長。

在通貨膨脹中沒落的舊地主階級

傾斜生產方式引發了通貨膨脹。由於日本銀行承購大量的復興金融債券，導致貨幣供過於求，發生了通貨膨脹。在經濟整體的供給能力還十分有限的情況下，透過政策，以人為方式製造出過剩的需求，當然會導致通貨膨脹（參考圖1-1）。

也有人認為，一九四六年二月的「更換新日圓」政策和「存款封鎖」（發行新日圓代替舊日圓，以及限制從銀行取出存款的措施）是造成通貨膨脹的原因。但其實恰恰相反，是通貨膨脹迫使政府不得不發行新日圓來因應危機。

嚴重的通貨膨脹給社會各階層帶來了哪些影響？

通貨膨脹對平民百姓的負面影響相對較少，而擁有大量金融資產和房地產的地主及富裕階層則蒙受了巨大損失。因為普通勞動者的薪資往往會隨物價的上漲而增加，家族經營的商店或者小工廠的營業額也隨著物價的變動而上升。並且通貨膨脹減少了地租和房租的實際負擔。所以對於每天在溫飽線上掙扎的普通勞動者來說，通貨膨脹並沒有破壞他們的生活基礎。雖然生活艱辛，但還能在通貨膨脹中跌跌撞撞地撐過來。

但是舊統治階級的地主們擁有大量財產，這些財產因為通貨膨脹迅速失去了原有的價值。在農村，地主的大部分土地由於農地改革被政府強行徵收，當初政府作為買地款付給他們的交付公債，隨著節節升高的通貨膨脹率，實際價值已經嚴重縮水。

圖 1-1　1940 年代後期至 1950 年的物價指數上漲率變化

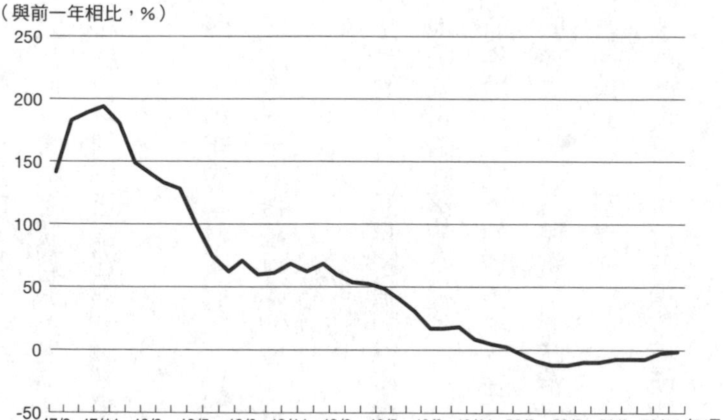

註：本圖資料為扣除自有房屋的設算租金之外的全國綜合物價指數。

資料來源：總務省，消費者物價指數。

城市裡的地主也深受通貨膨脹之苦。根據戰爭時期修訂的《租地法》和《房屋租借法》，屋主無權單方面提高租金。即使是因為通貨膨脹物價高漲，也不能隨之提高租金。並且一旦簽訂租賃合約，如果沒有法院認可的「正當理由」，就不能解除合約。所以實際上城市地主的收入也急遽減少。

財產稅也對金融資產造成很大影響。一九四六年頒布的《財產稅法》是對個人財產徵稅的專項法律。按照這項法律，繳稅金額超過一千五百萬日圓的個人資產，稅率高達九十％。

由於農地改革、《租地法》及《房屋租借法》的修訂、通貨膨脹和財產稅等種種原因，日本的地主階級與富裕階層不可避免地陷入家道中落的下場。

在歐洲，擁有廣闊土地的貴族階級和不勞而獲地操縱經濟的資本家，在二戰以後也得以留存下來。但是在日本，戰爭時期與戰後推行的改革將戰前的統治階級一掃而空，為後來形成的「一億總中流」這個社會結構奠定了基礎。

這就是曾經宣稱「反對不勞而獲」的戰時改革派官僚，實行各項改革所帶來的結果。

道奇成了大藏省官僚的傀儡

通貨膨脹實際上也為日本政府帶來不少好處。因為通貨膨脹導致國債的實際價值下跌，政府才能減輕戰時巨額國債帶來的沉重壓力。政府也才得以乘機健全財政，在道奇路線（Dodge Line）[11]之後的很長時期，不發行國債也能夠維持國家一般財政預算的均衡。

但是另一方面，一旦通貨膨脹長期持續，政府將不得不提高公務員薪資，其他財政支出也會跟著增加，所以找準時機抑制通貨膨脹也勢在必行。因此必須制定強而有力的緊縮政策，但緊縮政策將帶來經濟蕭條。

促使日本斷然實行緊縮政策的是美國底特律銀行行長約瑟夫．道奇（Joseph Dodge）。一九四九年二月道奇以佔領軍總司令部的經濟顧問身分訪問日本，他策畫擬定了財政金融緊縮政策草案，並向當時的大藏大臣池田勇人提交一九四九年的

11　一九四九年根據佔領軍總司令部經濟顧問約瑟夫．道奇提出的政策草案制定的財政金融緊縮政策。

政府預算草案。因此在名義上，是道奇制定了這些政策和預算的草案。

但道奇雖然是民間銀行的行長，卻並非財政方面的專家。他對於日本經濟和預算制度也所知不多，道奇在來到日本後僅僅兩個月的時間裡，不可能制定出需要龐大工作量的預算草案。所以草案其實是大藏省的財政官僚制定完成的，只不過是借了道奇之名而已。根據我的推測，當時主導日本採取緊縮財政的是大藏省，而不是道奇。

抑制通貨膨脹的必要性不言可喻。但毫無疑問，緊縮財政政策將給日本國民帶來沉重負擔。如果強制實行緊縮政策，必然會引來國民強烈的不滿。

為此，大藏省官員們決定利用佔領軍的權威。他們請來強硬的均衡財政主義者作為經濟顧問，以佔領軍總司令部的名義發布財政緊縮命令，再演一齣不得不唯命是從的大戲。

我的這個推測可以透過宮澤喜一的發言得到證實。他日後曾經說過：「佔領軍總司令部的新政官員們百般挑剔，害得我們狼狽不堪。我們也要還擊一下，於是就找來了道奇這個硬脾氣的人，打了一場漂亮的反擊戰。」

宮澤身為池田大藏大臣的秘書，在一九四九年的時候曾經負責締結和平條約的準備工作。他擅長英語，在與佔領軍總司令部或者與道奇談判時，是位居第一線的人物。我認為他的這些話是真實可信的。

道奇在日本的記者招待會上曾經留下著名的一句話，他說：「日本的經濟並沒有雙腳踩在地上，而是像踩著兩支高蹺行走一樣。」這兩支高蹺，一支是指復興金融金庫的貸款以及價格差額補助等補貼制度；另一支是指來自美國的援助。道奇在演說中聲稱自己要改變這種狀況。對此，我有一個疑問，剛來日本不久的人，怎麼會知道高蹺呢？雖然美國也有類似高蹺的東西，但並不像日本這樣人盡皆知。

因此就我推測，如果不是宮澤在記者會前傳授給道奇上述的內容，道奇直接複述了宮澤的說法；就是宮澤為道奇寫了這篇講稿。

雖然真相不明，但當年實施的緊縮政策被以道奇的名義命名為「道奇路線」。不出所料，緊縮政策果然引發了經濟蕭條。雖然國民對此相當不滿，但既然是佔領軍總司令部的命令，大家也只能無可奈何地接受。大藏大臣池田勇人也再三強調「一部分中小企業破產在所難免」。就這樣，通貨膨脹終於偃旗息鼓，一九四九年四月，匯率確定為一美元兌換三百六十日圓。

據宮澤喜一所說，他曾經給道奇看過一則新聞，道奇看後十分高興。新聞的內容是「小偷偷走了錢」，對此道奇欣喜地說：「小偷終於也願意偷錢了。」（因為在通貨膨脹期間，小偷們不偷錢只偷東西）這其實是宮澤在誇讚自己，因為正是他策畫和實施了財政緊縮計畫。

緊縮財政引發的經濟蕭條，使社會局勢變得更加動盪不安。當時，日本勞資糾紛頻傳，社會主義運動日益高漲。道奇路線實施的前一年，也就是一九四八年，東寶電影公司的勞資糾紛甚至引來美軍出動裝甲車和坦克，演變成一場「只差軍艦沒來」的大騷動。

同年九月，朝鮮民主主義人民共和國宣告成立。一九四九年，日本陸續發生了與勞資問題相關的「下山事件」「三鷹事件」「松川事件」等令人匪夷所思的事件。十月，中華人民共和國宣告成立。在日本，共產主義革命也似乎是一觸即發。

空洞無物的斯普建議書

一九四九年五月，在道奇來到日本三個月後，以哥倫比亞大學教授卡爾．斯普（Carl Shoup）為團長的稅制使節團來到日本。該使節團在同年八月提交了第一次報告，也就是「斯普建議書」（Report on Japanese Taxation by the Shoup Mission）。其主要內容包括簡化稅收制度、保障制度運用公平、強化地方財政等。日本稅務方面的教科書對這份建議書的評價是「奠定了戰後稅收制度的基礎」。

但是，我個人認為，這份報告幾乎沒有什麼值得一提的內容。

正如本書序章中提到的，戰後日本稅收制度的基礎是在一九四〇年的稅收制度改革中確立的。明治時代以來，日本傳統的稅收制度是以地租和營業稅等近代以前的稅種為主，這些稅種無須掌握納稅人的準確收入也能計算出應繳稅額。因為當時尚不具備徵稅所需的基本條件，這也是無奈之舉。但是隨著第一次世界大戰結束，近代產業的迅速發展，舊稅制仍然未能對近代產業有效地實施徵稅。即使到了昭和時代（一九二六年為昭和元年），直接稅的比例仍然很低，在一九三一年至一九三六年的平均國稅收入中，仍有大約三分之二來自間接稅。可見，日本的徵稅體制一直都以間接稅[12]為主。

此外，與現在相比，戰前的財政結構也賦予地方更大權力。以前沒有現在的地方交付稅撥款和國家補助，地方政府的財政收入由地方政府自擬名目徵收的獨立稅，以及由地方政府自行決定稅率的國稅附加稅構成。

一九三六年廣田弘毅組閣，在內閣中擔任大藏大臣的馬場鍈一對舊稅收體系進行了徹底改革。馬場本是大藏省官僚，後來擔任日本勸業銀行總裁，之後成為廣田弘毅內閣的大藏大臣。一九三七年馬場提出以所得稅為基礎，財產稅為輔助，在此基礎上導入營業稅，創立了嶄新的稅收體系。

長期以來以間接稅為核心的稅收制度就此變為以直接稅為核心，向過去一直沒有充分徵稅的新興產業布下了國稅的天羅地網。同時大幅削減地方政府的財政自主權，由國家統一徵稅，再向地方撥款。其目的是強化國家對地方的統治。

由於遭到產業界的強烈反對，馬場的稅制改革方案未能立即實現。但是由於戰爭愈來愈激烈以及戰時財政需求的擴大，一九四〇年四月米內光政內閣採納並實施這項改革。

在這場稅收制度改革中，最應該強調的是導入了薪資收入的源泉徵收制度。這項制度的目的是，對低收入階層也廣泛徵稅，增加稅收以確保籌措到戰爭的費用。同時，法人稅被獨立出來，與所得稅共同作為直接稅的兩大稅種構成稅收體系的核心。

政府同時以「調整地方團體之間的財力，保障地方團體的財源」等名目，設立了地方稅制調整交付金制度。這項制度剝奪了地方政府的自主徵稅權，使地方政府不得不依靠來自國家的補助和撥款來維持地方財政運作，這項制度沿用至今。

馬場於一九三七年提議的這項稅收制度，並沒有因為斯普建議書而大幅改變。除了一九四〇年沒有實施的一般營業稅在一九八九年被當成消費稅導入以外，這個稅收體系至今並沒有太大的改變。

12　直接稅是指納稅人與繳稅承擔者是同一人的稅種，例如所得稅、法人稅等。而間接稅是指納稅人與繳稅承擔者是不同人的稅種，例如消費稅由銷售商負責繳納，但實際承擔者是消費者。

我認為，邀請斯普這件事也是由大藏省官僚策畫的。雖然教科書都寫道，「斯普使節團來日期間，大刀闊斧地展開活動，在短短三個月的時間內完成了內容龐大的報告」，但其實這些報告應該都是大藏省的官員們制定的。斯普的名字只是被借來使用罷了。所以無論是斯普還是道奇，都是日本的官僚借他人之手，實施自己制定的政策的招牌而已。

真實目的在於拉攏個體經營者

那麼當時大藏省這麼做的真實目的是什麼呢？我認為並不是為了改革稅收制度，而是試圖放慢運用制度。具體來說就是透過導入青色申告制度來拉攏個體經營者。青色申告制度是指，小規模的個體經營者即使實際經營形態是個人經營，也允許他們享有與法人同樣的稅收優惠。例如允許他們向家人支付薪資等，我認為導入青色申告制度的目的在於拉攏個體經營者，消除他們的不滿。

會出現這種情況是當時的時代背景造成。一九四八年，也就是「斯普建議書」提出的前一年，政府依據一九四七年生效的申報納稅制度對徵稅進行了嚴格的審查和強化。申報納稅制度是指，由納稅人自己計算應繳稅額，向政府有關部門申報並交納稅款的制度。前文提到，隨著源泉徵收制度的導入，國家對個人的薪資收入已經有了比較準確的掌握，而對企業和個體經營者們，則採用申報納稅制度，以自我申報為基礎來徵收所得稅、法人稅和居民稅等。

但是，申報納稅制度的前提是納稅人必須誠實並且正確地申報自己的收入。為了防止出現逃稅行為，稅收當局認為一開始最為重要，因此大力強化徵稅，對納稅人的申報進行徹底審查。

這一年，我們家收到了「更正決定」。所謂更正決定是指，對於惡意逃稅行為，稅務局長有權根據事實更改原申報內容，進行懲罰性徵稅。更正決定這種處罰方式現在幾乎已經不再使用，如果有漏報的情況，往往以「修正申報」作為解決方式。

母親肯定不會惡意逃稅，可是當時國小二年級的我聽到的卻是「更正決定」，而非「修正申報」。這到底是為什麼？這個疑問，直到我後來進入大藏省也沒有解開。

直到多年以後，我才得知，一九四八年曾經大範圍對納稅人實施更正決定。國稅廳的官網上有刊登一篇《申報納稅制度的理念與機制》的論文，這是由曾任稅務大學研究部主任池本征男教授發表的。

這篇論文寫道：「導入申報納稅制度的一九四七年，日本經濟處於疲弱的低谷。通貨膨脹繼續高漲，所得稅負擔十分沉重，納稅人對於稅務官員的信賴降至最低水準。而且，稅務職員從一九四六年的兩萬七千人激增到一九四八年的七萬四千人。近五萬名新進職員不熟悉業務，非常不利於實施新制度。在這樣的環境下，制度改革將徵稅方式改為申報納稅方式，導致稅收行政事務產生極大的混亂。特別是在個人所得稅方面，一九四八年大約有七十％的納稅人受到政府『更正決定』的處罰。很多納稅人提出異議（當時的稅法將此稱為『請求審查』），拖欠稅款也成了長期現象。」

一九四八年，高達七成的個體經營者，在城市中，則幾乎是全數的個體經營者都受到更正決定處分。依照更正決定，政府追繳的稅收金額高達所得稅徵收額的一半左右。所以我多年來的疑問終於找到答案，我們家無非是當時城市一百％受到處罰的人之中的一部分而已。

順道一提，我的母親堅持自己沒做壞事，抱著所有帳本衝進稅務局。從那以後，我家的納稅事務全都委託給一位年輕的女稅務士處理。之後這位女稅務士一家與我們家，維持了一段很長的友好往來時間。

審議會制度初具雛形

當然，實行如此嚴厲的徵稅措施必然會引發納稅人的反彈。後來還出現了此一情況遭到共產主義勢力利用的趨勢。一九五一年，民主商工會打著「守護中小企業的經營和生活」這樣的口號成立。日本當時處於隨時可能爆發共產主義革命的狀態，政府不敢對此視若無睹。為了避免心懷不滿的納稅人投入共產主義勢力的懷抱，政府需要拉攏小規模個體營業者。為此，大藏省才會特別邀請斯普前來。

可能有人會認為，放緩激進的徵稅方式，會受到納稅人歡迎，沒有必要特意去找個美國人來擔此大任。但政府機構信奉的是「絕對正確」的神話。也就是說，政府機構不會做出錯誤決策。所以即使日後發現當初判斷有誤，政府機構也絕不會承認。所以要改變當初的徵稅方針，政府需要請來斯普，讓他提出稅制改革建議書，演出一場「奉佔領軍之命不得已而為之」的好戲。

關於道奇的推測，我有宮澤喜一的證詞為證。不過，到底是誰策畫了請來斯普的這件事，由於對方的手法太過高明，完全沒有留下蛛絲馬跡（雖然我暗自猜測，應該是那個人，那個後來從主稅局長升任大藏政務次官的人……）。

也正是在這一時期，沿用至今的審議會制度的雛形設計完成。這項制度的本質其實就是，政府部門絕不會主動開口說出自己希望實施的政策，而是要召集學者組成審議會，讓他們在審議會上提出符合政府意願的意見。然後政府部門再順水推舟，口稱依照民意實行某某政策。現在的審議會可以說是漏洞百出的蹩腳鬧劇，不過道奇路線和斯普建議書等卻真的是設計周到，毫無破綻，簡直就像是請來職業演員們演出的經典名作。

此外，這一時期對於農業的收入轉移，主要是透過糧食管理制度來實行。糧食管理制度是一九四〇年體制的重要組成部分，第二章第一節還會詳細敘述。

3 經濟高速成長前的助跑

日本經濟由戰後復興階段邁向高速成長階段的契機，是一九五〇年六月發生的韓戰。當時金日成率領北韓人民軍，越過北緯三十八度線，對韓國進行軍事入侵行為。

迎來韓戰特需

我那時候正在讀國小四年級，每天都會看報紙關心戰況。而且電影院裡放映電影之前，總會先播放新聞影片，我從那裡也得知許多韓戰的消息。

對日本來說，這場戰爭無異於是救命之神。因為美國為了支援韓國參戰，把日本當成補給基地，戰爭產生的特殊需求使日本的市場需求隨之大增。因「道奇路線」而陷入低迷的日本經濟得以就此再度振興。

韓戰後，中國開始實施「大躍進政策」（一九五八年至一九六〇年）。在毛澤東的指揮下，打出要在鋼鐵生產方面直追英國，達成高速經濟成長的口號。但是，這是一項無視經濟現況的愚蠢政策，正因為強行實施這項政策，才會造成大飢荒，聽說最後導致數千萬百姓餓死（馮克〔Frank Dikotter〕《毛澤東的大飢荒：一九五八－一九六二年的中國浩劫史》）。中國在共產主義的統治下，造成這種悲劇，又對西方的先進各國採取經濟上的鎖國政策，這也造就了日本經濟成長的基礎。

價格方式與配給方式

不論是資金還是物資，主要都有兩種分配方式，即透過價格進行調整的方式和透過管制進行配給的方式。

例如教室裡有五十個學生，卻只有二十顆氣球，這時就會出現如何將二十顆氣球分配給五十個學生的問題。

要解決這個問題，有一種方法是先讓希望獲得氣球的學生提出交換條件，例如

「我來打掃教室」等。然後按照學生提出條件的高低價值依序發放氣球。這就是透過價格進行調整的方式。

還有另一種方法，就是老師決定哪個學生能領到氣球。比如「A是乖孩子，所以發給他氣球；B不聽話，所以B領不到氣球」。這種完全由老師決定的方法就是透過管制進行配給的方式。

按照透過價格進行調整的方式來分配普通的經濟資源，就是先由買家出價，將資源配置給出最高價的人。自由主義的市場經濟，基本上就是以這種方式來分配有限的資源。

但在戰時經濟中，政府往往採用配給方式來分配資源。其中最典型的例子就是食物配給。

根據一九三八年的《國家總動員法》，日本對企業的各種生產原物料實施管制和配給制度。金融系統由直接金融轉換成間接金融，也是為了確保這種分配方式能順利實施。

這種情形並不僅限於日本。戰爭期間，許多國家都進行物資管制，連美國也不例外。

戰後日本在一段時期內對生活必需品實行配給，但後來經濟活動恢復正常，物資管制也隨之解除，重新回到市場經濟的正常軌道上。

對於企業所需的資源與資金，本來也應該按照市場機制進行分配，也就是讓企業競價，由出價最高者獲得所需資源。但是五〇年代的日本卻是採用以下兩種方法來進行配給。

通產省的外匯管理

第一種方法是對外匯進行管理，相關業務由通產省負責。這項制度以一九四九年十二月公布的《外匯及外國貿易管理法》（通稱《外匯法》）為基礎。其雛形是一九三二年的《資本逃避防止法》。

三〇年代的世界經濟大蕭條期間，大藏大臣高橋是清試圖透過發行日本銀行承購的國債來擴大財政和增加貨幣供應量，為此制定了《資本逃避防止法》。該法的目的是防止國內資本因為日圓貶值而大量流向海外。這部法律於一九三三年被廢除，其相關條款在同年開始實施的《外匯管理法》中繼承下來，後來又成為戰後《外匯法》的主要內容。

《外匯法》規定，日圓與外匯的兌換只能在政府指定的外匯銀行進行。進口貨物當然需要外匯。而支付進口貨款所需的外匯資金，必須得到外匯銀行的「進口許可」後才能放款。

不過一九四九年《外匯法》還規定，「進口許可」必須要獲得通商產業大臣的批准。也就是說，不論從外國購入何種商品，都必須得到通產省的許可。政府藉此堵住了企業私自籌措外匯的管道。這就是外匯資金的配給制度。

此外，在戰後日本經濟的復興過程中，為了解決國內的資金不足問題，引進外資的必要性受到關注。因此作為《外匯法》的補充，一九五〇年五月制定、公布了《外資相關法》（簡稱《外資法》）。該法規定了《外匯法》的例外情況，在一定範圍內允許外國向日本投資，允許外資的獲利和本金的相關匯款。

有了這項《外匯法》之後使通產省大權在握。為了拿到通產省的許可，企業相關人員經常在通產省的走廊裡大排長龍。這裡被稱為「虎之門銀座」。

美國的國際政治學者查莫斯・強生（Chalmers Johnson）在其著作《通產省與日本的奇蹟》（*MITI and the Japanese Miracle*）中指出，「當時的通產省在日本經濟中握有巨大的權力」，這個見解無疑是正確的。在經濟高速成長時期，日本經濟受到世界矚目，強生的觀點也常被引用，因此經常有人說「日本經濟就是由通產省管理的日本株式會社」，並由此得出「是日本株式會社系統使日本經濟實現奇蹟般成長」的結論。但是，這個觀點並不正確。因為通產省掌握強權的時期僅至五〇年代末期為止。

六〇年代以後的經濟高速成長時期，《外匯法》被修訂之後，通產省就失去了外匯配給的相關權利。

日本銀行的窗口限制

配給方式的第二種做法是來自日本銀行的「窗口限制」。

在一九四〇年體制下的金融體系中，企業主要依靠銀行貸款來獲得資金。日本銀行介入這個過程的做法被稱為窗口限制（又稱為貸款增加額限制）。為什麼日本銀行能介入民間銀行對企業的貸款呢？其背景如下。

如同本章第一節提到的，日本在戰爭時期根據一九三七年制定的《臨時資金調整法》，對企業實行資金分配的管制。

根據該法律，企業透過融資或發行公司債券及股票等籌措資金的手段，都必須得到政府許可。由官僚組成的「臨時資金調整委員會」按照重要性的高低，對企業進行排序。根據這個排序，各銀行及證券公司對具體個案進行自主審查，排除對「不重要、不緊急」的產業的貸款，將資金集中分配給軍需企業。這一機制由《銀行等資金運用令》補充得更加完善，《銀行等資金運用令》是以《國家總動員法》為基礎制定的。除了戰爭時期以外，戰後也當成管制設備資金的法律架構繼續沿用下來。

一九四五年制定的《臨時利息調整法》，規定了銀行的存款利率、貸款利率、票據貼現利率、帳戶透支利率等金融機構的利息上限。利息被政府透過政策手段人為地降低，從而產生了過剩的資金需求。這實際上限制了市場的調節功能，透過配給進行資金分配的制度架構由此初具雛形。

向企業進行資金配置的是民間銀行。因為有這樣的背景，因此銀行員被認為是一種地位穩固，高枕無憂的工作。

但是銀行僅靠存款無法滿足資金需求，還需要從日本銀行貸款。因此，日本銀行對於民間銀行擁有絕對的支配權，甚至可以干涉某些具體案件，控制對企業的貸款。這就是窗口限制。當時的日本銀行總裁一萬田尚登被稱為「法王」。「川崎制鐵問題」充分展現出日本銀行總裁的權力之大。道奇路線實施後不久，川崎製鐵公司計畫在千葉縣修建大規模鋼鐵製造廠。但是這個計畫遭到一萬田總裁的反對，他認為該工程是對緊縮政策的倒行逆施，據說還曾經放話表示「如果企業膽敢強行開始建設，我就讓千葉成為一片荒地」。

一九四七年栗栖赳夫（日本興業銀行前總裁）就任大藏大臣，據說他在前往大藏省就任之前，曾經先到日本銀行向一萬田總裁問候致意。據說當時的大藏省主稅局局長池田勇人聽聞此事後勃然大怒。池田與一萬田之間的爭鬥，在此之後就成為大家茶餘飯後討論的逸聞趣事。

但是，不論國內實施多麼嚴厲的金融管控，如果企業能在海外市場透過發行債券等方式籌措到資金，那麼國內的管控也終將變成一紙空文。為了防止出現這種情況，戰爭時期和戰後的較長時期，日本都實施了金融鎖國政策。其法律根據就是前述的《外資法》。

就這樣，戰後的日本處於抑制銀行利息、資金分配管制和金融鎖國的狀態之下。戰後初期，戰爭時期形成的一九四〇年體制仍然掌控著日本經濟。

有一九四〇年體制，重工業才得以發展

正是在上述體制之下，日本重工業才能獲得發展。如果當時採用由市場主宰的價格分配方式，日本則未必能夠實現重工業化。這是因為，當時在日本，紡織纖維等勞動密集型輕工業在產業中占據較大的比重。有限的資本為了在短期內謀求回報，很可能會投向輕工業或者商業的懷抱。以長遠的眼光出發，為了實現重工業化而採

用的資源分配方式，也只有在違背市場理論的一九四〇年體制下，才能得以實現。

但同時，這種人為分配資源的方式也成了滋生腐敗的溫床。因為負責分配資源的官僚權力過大，很容易遭到腐敗侵蝕。一九四八年六月的昭和電工事件就是典型的例子。當時，昭和電工公司為了得到復興金融金庫的貸款，向掌權的政府高官和復興金融金庫的幹部行賄。昭和電工事件以外，肯定還有許多沒有曝光的事件和問題。只不過這些事件和問題還不足以撼動當時的體制。

但是有一點應該強調，那就是將如此巨大的產業資金分配權緊握於手的日本經濟官僚制度可能不夠廉潔，但也沒有腐敗到激起民怨，危及體制存續的地步。

4 告別戰後

「神武景氣」與「岩戶景氣」揭開序幕

韓戰期間的一九五一年，同盟國與日本在舊金山簽訂了《對日和平條約》（又稱《舊金山和約》），該條約於一九五二年四月生效。盟軍結束了對日本的佔領。一九五三年三月，蘇聯領導人史達林去世，日本股民普遍預測，隨著韓戰結束，「韓戰特需」將會消失，導致日本股價暴跌（又稱「史達林暴跌」）。果不其然，一九五三年七月《朝鮮停戰協定》正式簽訂。雖然日本確實因為失去特需而受到影響，但經濟卻仍然在高速發展的道路上持續前進。

從一九五四年十二月開始，日本進入「神武景氣」時期。所謂神武景氣是指，神武天皇即位以來的好景氣。這一次是日本不再依賴戰後復興的需求或者韓戰特需，而是真正依靠投資和消費等內需增加，促進經濟增長所帶來的好景氣。在這個意義上，我們可以認為日本由此走上了真正的經濟成長之路。在神武景氣期間，日本經濟恢復並超越了戰前的最高水準。日本也在《經濟白皮書》上註明了「日本已經不是戰後」，宣告了結束戰後的復興階段。

一九五五年十一月，日本兩大保守政黨自由黨與民主黨合併組成了自由民主黨。自由民主黨與早前完成統一重組的社會黨，共同形成一個新的政治格局。這個格局之後一直沒有改變，被稱為「一九五五年體制」。

正式跨入經濟高速成長期以後，日本國民的生活水準顯著上升。五〇年代後半期開始，被稱為「三神器」的黑白電視機、洗衣機和電冰箱開始廣泛普及。之前只能在好萊塢電影裡看到的這些電器，已經真正進入日本百姓的生活之中，它們的普及要歸功於穩定的電力供應，像過去那種經常停電的狀況，即使要使用電器也不是很方便。

黑膠唱片機也開始進入市場，以前只能在收音機裡欣賞到古典音樂，現在用一張唱片就可以聽到所有樂章。

我買的第一張唱片是由卡爾・貝姆（Karl Böhm）指揮的貝多芬第六交響曲，花了兩千三百日圓（當時大學畢業男生的第一年薪資大約為一萬三千日圓左右）。我家也變成了像樣的雙層透天厝。這一時期，我們都切身感受到，今天的生活比昨日更富足。

國中二年級時，我從位於神田小川町的誠文堂新光社買來反射鏡和接目鏡，自己製作了一架十公分口徑的反射望遠鏡。剛好那年火星接近地球，我還觀測到火星的白色極冠。

當時東京的日常交通工具以公車和都營電車為主，地鐵只有少數幾條線路。乘坐中央線去霞關上班的政府公務員，除了坐公車或者電車之外，就只能從四谷步行過去。

從一九五八年開始，日本又進入「岩戶景氣」時期[13]，經濟發展更上一層樓。與此同時，從五〇年代開始，歐美各國開始強烈要求日本開放市場，實行貿易自由

13 岩戶景氣是指，日本經濟史上從一九五八年七月至一九六一年十二月為止，持續約四十二個月的好景氣。它與神武景氣、伊奘諾景氣並稱為日本戰後經濟高速成長期的三大好景氣。

化。一九五九年召開的IMF（國際貨幣基金組織）及GATT（關稅暨貿易總協定）的總會上，日本被要求恢復貨幣自由兌換和開放國內市場。

我們來到卡美洛[14]

一九五六年，我升入東京都日比谷高中。對我們來說，這裡就像傳說中的卡美洛。我現在依然記得，校長在開學典禮上的演說：「我們以英國的伊頓公學為範本，把各位當作紳士對待，也請各位以此來要求自己，行為要符合紳士的身分。」這所學校規定可以不換拖鞋，直接穿著皮鞋走進教室。雖然只是微不足道的小事，卻著實強化了我們作為紳士的自覺。

天皇曾經計畫在學校校慶時前來視察，但是由於學生們的強力反對，這個計畫最終不了了之。

二年級以後的分班都是由學生自己決定，授課的老師也由學生挑選。授課方式主要是由學生們輪流講解，老師則在窗邊打瞌睡。隔壁班曾經以「無能」為由，將國文老師趕走。一九五六年匈牙利革命爆發之際，為了向蘇聯抗議，同學們甚至決定派班長去匈牙利（最後因為沒錢未能成行）。那時的學生們都極為狂妄和自負。

時任經濟團體聯合會會長的石坂泰三曾經來學校視察校園文化節，向我們發表激勵的演說：「各位同學的校友裡，當了政府機關的事務次官、大企業社長或東京大學教授的人多得用掃帚一掃也有一大堆（他真是這麼說的）。但是卻沒有一個人真正對社會做出貢獻。你們千萬不要向他們學。」

日本自明治時代以來，能否考入國立大學或者在中央政府部門任職，全都只憑學業成績，與出身門第或者父母的經濟實力無關。所以即使出身寒門，只要成績好，也能打破社會階層的藩籬，進入上流社會。石坂想說的是：「你們要珍惜這樣的機會，但不要得意忘形。」

14 卡美洛是亞瑟王傳說中的王國，是堅不可摧的城堡。它是亞瑟王朝處於黃金時代的標誌，是其政治權力中心和亞瑟王最愛的家園。這座金碧輝煌的城堡令四海英雄皆醉心嚮往，無不渴望投奔其中，成為圓桌騎士的一員。由於亞瑟王的父親尤瑟王曾在國內進行過巫師大屠殺，所以卡美洛是不容邪惡魔法侵犯的聖城。

像日比谷高中一樣的學校，如今已經從日本消失。當年的校舍也早已不復存在。我之所以把這所學校比喻為卡美洛城堡，也是因為它有「一旦失去，就再也不能重建的聖地」之意。

學校附近有赤坂見附車站，當時丸之內線尚未開通到這裡。車站因為建在地下二樓，所以夏天很涼爽。車站前面有一條長長的坡道，日比谷高中就位於坡道上方，我們把這條路稱為「遲到坡」。路的一邊是叫作「華盛頓高地」的美軍眷屬宿舍區。我至今還記得，有一次期末考試結束之後，我在學校圖書館裡讀到阿部次郎的散文《琉森的春天》[15]時，曾經邊讀邊想：「這麼好的地方，我恐怕這輩子也沒有機會去看看。」每逢聽到舒伯特第九交響曲，我都不禁回想起當年學校裡的種種往事。對未來的憧憬和不安相互交織，那種複雜的情緒至今還記憶猶新。

那時每天都能從教室的窗外看到修建中的東京鐵塔一天天變高。

當時裝電話的人家很少，借用鄰居電話這種現在看來難以置信的方法，在當時卻相當普遍。因此，我的同學中有好幾個人連怎麼打電話都不知道。而我至今也還是對電話既討厭又害怕。

長途電話從申請到接通，通常要花費好幾個小時。電報是常用的緊急聯絡方式。因為電話聯絡不便，所以沒有事先打招呼，就突然去拜訪別人或拜訪其他公司的情況也很普遍。在人人都有手機的現在，已經很難想像當時的社會情形。那個時代在旅行時，是透過信件預約飯店的嗎？需要頻繁聯絡的業務往來時，人們又是以何種方式來進行呢？現在想想真是覺得不可思議。

一九五七年十月的某天，我們在參加學校的秋季遠足時得知，蘇聯成功發射了世界第一顆人造衛星史普尼克一號，這個消息對我們這一代人帶來很大的影響。我還清楚記得，自己在赤坂見附車站盯著地鐵列車的車輪，同時興奮地暗下決心：「物理能夠推動世界。我也要鑽研物理，為世界的發展做出貢獻。」後來看到美國電影《十月的天空》時，我發現原來美國的少年們也曾經和我一樣，抱有那樣的想法。那時的日本，大家都認為「與其花時間讀書，還不如幫家裡做點事」。當時日本

15　琉森是琉森州首府，位於瑞士中部，是著名的風景區。

高中升學率僅為五十％左右，大學升學率更是只有十％左右（圖1-2）。雖然被人強迫讀書也很煩，但在我們那個年代，能上學讀書卻是一件奢侈的事。

在這樣的時代裡，我有幸進入大學，成為那十％中的一員，感到實在是非常難得（我確實認為這是「很難得到」的機會）。

我的朋友當中有許多人聰敏好學，卻因為貧困而無法進入大學學習。電影《十月的天空》的主角也曾處於這樣的環境。他本來註定要與父親一樣，成為一名礦

圖 1-2　升學率的變化

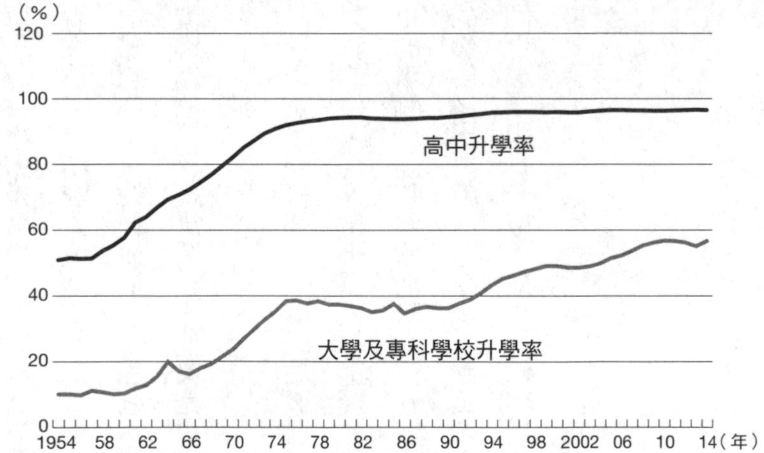

資料來源：文部科學省，學校基本調查。

工。但因為抓住了一個偶然的機會，才得以成長為美國國家航空暨太空總署的火箭技術人員。原來美國當時的情形也是與日本一樣。

5

戰後史觀與一九四〇年體制史觀

一般觀點：透過非軍事化和民主化實現復興

對於戰後歷史，一般的觀點認為從一九四五年到一九五九年的這一時期，是「實施戰後民主主義與和平國家理念的日本重建時期」。該觀點認為，日本因為擺脫了軍費的沉重負擔，才得以促使經濟大幅成長。

持這種觀點的人認為，大企業被根據《集中排除法》分割，企業經營實現了民主化。索尼和本田等戰後誕生的企業成為日本經濟發展的引擎。工會也得以成長，逐漸開始影響企業的經營。工會的民主參與和企業經營的民主化啟動了企業的生產活動。而推動這個過程的，是佔領軍中的新政派。

不過佔領軍的方針後來發生變化。主張對日本實行民主化與非軍事化的新政派勢力雖然在初期階段占有優勢，但隨著冷戰形勢的發展，佔領軍改變了路線，試圖將日本當作阻止共產主義蔓延的防波堤。因此，他們開始認為有必要強化日本產業發展，增強日本的經濟實力。這個路線變化被稱為佔領軍總司令部的「右轉政策」。

這就是對於日本戰後史的一般觀點。

一九四〇年體制史觀：復興是戰時體制的第一次勝利

對此，我的看法如下。佔領軍總司令部對於日本的情況幾乎一無所知。是日本的技術官僚利用佔領軍的權力，實行了改革。農地改革是日本官僚起草並實施的政策，具有日本特色，以企業為單位的工會制度也是在戰時體制中醞釀形成的。

對日本戰後復興產生最重要作用的，是透過管制方式進行的資金重點分配。也就是說，並非透過市場的價格機制調節分配資金，而是從政策角度出發來分配資金。生產力因此得以快速恢復，為接下來的高速成長做好了準備。實現這一過程的基礎，是戰爭時期形成，以支援戰爭為目的的經濟體制，也就是一九四〇年體制。

一九四〇年體制在戰爭時期確立，是一個目的在於全面支援國家戰爭的經濟體制。但是戰爭結束以後，其目的被變更為增強經濟實力，特別是生產能力。在實現這一目的的過程中，以官僚為核心的戰時體制繼續發揮出重要作用。引領日本經濟的主要企業大多是在戰爭時期重組改造的一批企業。換句話說，是戰爭時期構建的制度，推動日本在戰後完成了復興。這就是我的觀點，我將之稱為「一九四〇年體制史觀」。

戰後日本經濟的復興，是戰爭時期確立的一九四〇年體制最初的勝利，也是日本邁向經濟高速成長時期的重要一步。

第2章

高速成長是如何達成的？

1960
|
1970

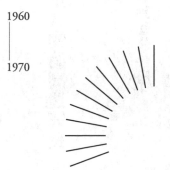

1

正式開始高速成長

安保抗爭到底是什麼？

一九六〇年七月，池田勇人內閣誕生。池田內閣提出「收入倍增計畫」作為主打政策。從此，經濟發展成為日本舉國的目標。

可是，在走上全力發展經濟的道路之前，日本還曾經有過一段圍繞《美日安全保障條約》抗爭的政治季節。

一九五一年，日本與大部分同盟國成員簽訂了和平條約，其中包括與美國簽訂的《美日安全保障條約》。根據這個條約，美軍在盟軍佔領結束後仍然繼續駐留在日本。這是美國在冷戰期間，為了對抗蘇聯、中國和北韓等社會主義勢力，必須採取的措施。

一九六〇年一月，這項條約的部分內容做了修訂，由當時訪美的首相岸信介與美國總統艾森豪簽署。但是岸信介回國以後，日本社會黨主張廢除安保條約並拒絕審議。一九六〇年五月，自民黨強行通過了批准新條約的決議案，從而引發了國會外部針對安保條約的反對運動。進入六月，全日本學生自治會總聯合會（簡稱全學聯）連日舉行了反對安保條約的示威遊行，這就是安保抗爭。

當時我是大學二年級學生，因為幾乎所有的學生都去參加示威遊行，學校處於停課狀態。遊行時被警察水槍淋到濕透的同學們昂首闊步，驕傲地走在校園裡。教室裡只剩我們少數幾個學生，自治會的委員走進教室，指責我們說，「你們太沒有自我意識了」，言辭激烈的彈劾與斥責，不容我們有反駁的餘地。我不禁想起高中時在英語課外讀物中讀過的喬治．歐威爾的小說《動物農園》[16]，感覺彷彿被

16　英國作家喬治．歐威爾所著小說。故事主要描寫農莊裡的豬在「人類剝削畜生，畜生須革命」的理論指導下，掀起革命，將原來的剝削者農莊主人趕走，實現了「當家作主」的願望。但後來得到領導權的豬隻們擁有了愈來愈大的權力和愈來愈多的優越待遇，逐漸脫離了其他動物，最終變成與人類完全一樣的畜生剝削者，動物農莊的名字也被放棄。

護衛拿破崙這個獨裁者的惡犬咬了一樣。

安保條約的此次修訂本是朝向有利於日本的方向改變的，我並不認為是值得那麼大動干戈的嚴重問題。一九七〇年安保條約自動延長時，也發生了反對運動。但是我認為這些反對運動並沒有對之後的日本產生多大的影響。當時的騷動究竟是因何而起，我至今仍然不得其解。

收入倍增計畫與高速成長

為了將國民的關注從政治引向經濟，池田內閣提出了「收入倍增計畫」。這個計畫大獲成功，日本國民的關心轉向經濟發展，政治運動從此銷聲匿跡。

「收入倍增計畫」宣稱，可以使國民收入在十年裡翻一倍。以現在的感覺來看，這是一個難以置信的狂妄計畫，但考慮到當時日本經濟的潛力，不如說這個計畫還保守了點。

日本的名目GDP（國內生產毛額）在一九五五年到一九七〇年期間，幾乎每五年就會翻一倍。（例如一九六〇年的名目GDP是一九五五年的一點九倍，一九六五年是一九六〇年的兩倍，一九七〇年是一九六五年的二點二倍。）

一九五五年至一九七〇年期間，日本名目GDP的年平均成長率高達十五點六%。圖2-1為日本實質GDP成長率的變化情況。從中可以看出，從五〇年代後半期至六〇年代後半期，日本保持著年平均十%的成長率。計算一九五五年至一九七〇年的年平均成長率，也同樣高達九點

圖 2-1　實質 GDP 成長率的變化

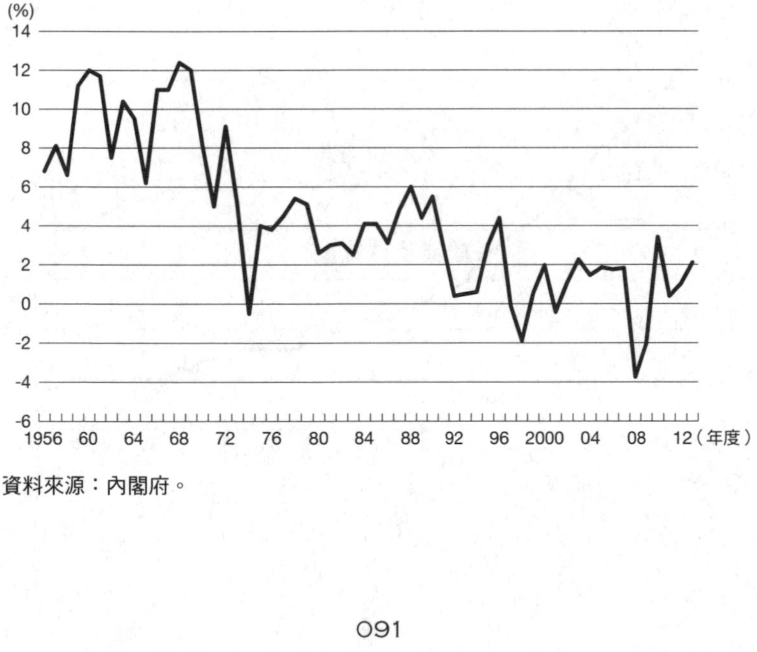

資料來源：內閣府。

六%。

由於人口也在同時增加，人均收入的增加雖然比不上GDP的成長速度，但從一九六〇年到一九六六年，日本的國民所得也增加了一點三倍。

日本的「高速成長」其實也是農業社會邁入工業化發展的過程。從各產業就業人數的變化情況來看，一九五〇年農業及林業從業者占四十九%，到一九六五年減少到二十二%，再到六〇年代後半期更是低至十二%（圖2-2）。

圖 2-2　不同產業的就業人數變化

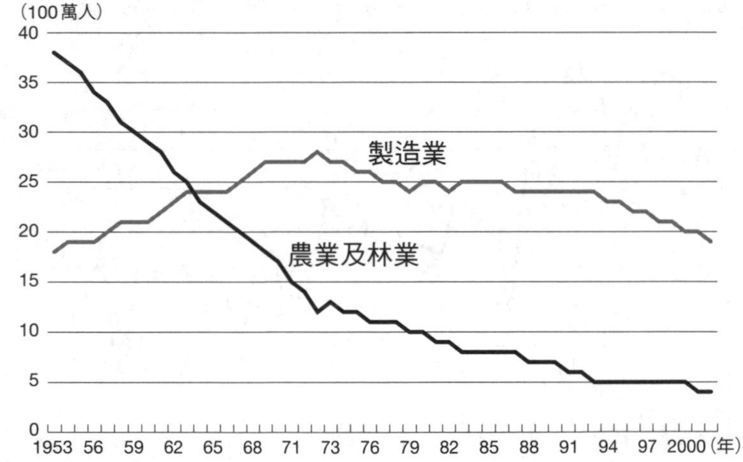

資料來源：勞動力調查。

而製造業和服務業則呈現出上升趨勢，五〇年代製造業從業者占十八％，到六〇年代末則增加為二十五％以上。

我們這一代人就是在這一時期進入社會，走向公司或者政府的各個工作崗位，與日本經濟的發展一路同行。雖然從事的領域各不相同，可是無論做的是何種工作，我們都目睹了日本發展的整個過程。日本從不足輕重的存在，到開始快速發展，直至稱霸世界的過程。不，我們不只有目睹，還有參與其中。作為組織中的一員，我們奉獻出自己的所有生活，推動了這個過程。

工業化急速發展

日本的工業化速度極為迅速，六〇年代民間設備投資的名目年均成長率高達十七點七％，期間有三年甚至超過二十％。從一九五〇年到一九六〇年的十年期間，製造業出貨金額成長五點五倍。從一九六〇年至一九七〇年的十年期間，又繼續增加了三點四倍。

這兩個十年期間，日本的鋼鐵產量也分別成長了四點三倍和四點七倍。五〇年代日本的鋼鐵產量還完全不能與美國相比，六〇年代就變得不相上下了。鋼鐵產量的增加極具代表性地呈現出日本製造業的發展（圖2-3）。

日本的製造業掀

圖 2-3　世界與日本粗鋼產量的長期變化

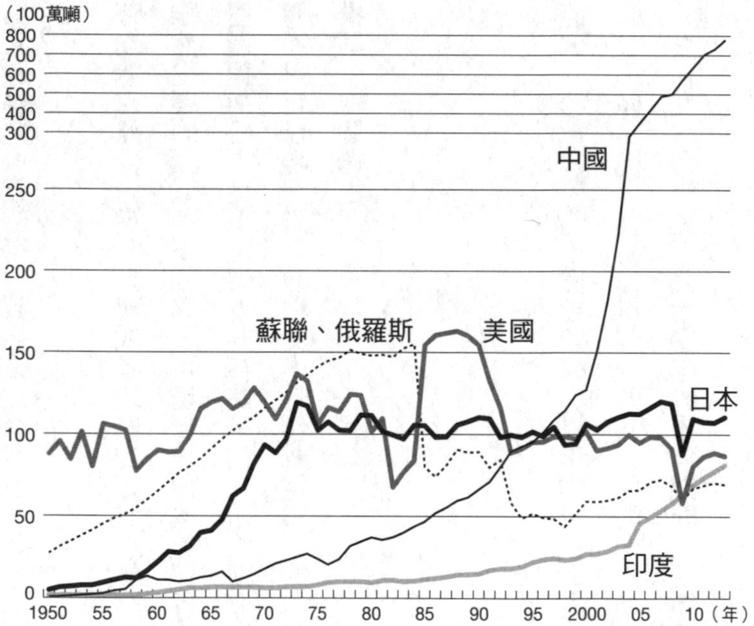

資料來源：日本鋼鐵聯盟各年度之《鋼鐵統計要覽》、日本鋼鐵聯盟及各國鋼鐵聯合會或協會資料。

起了建設風潮。各地紛紛建起大規模鋼鐵廠，以原油為原料的化工廠被複雜的輸油管道連接起來，建成一家又一家的石油化學聯合企業。這一時期也是日本石油化學工業蓬勃發展的時期。一位不久前剛剛退休的朋友感歎，我們這代人見證了「石油化學工業的興起和衰落」。

日常生活的光景也隨著工業化的發展發生了巨大變化。

首先，隨著工業化的發展，城市人口急遽增加。一九五〇年城鄉人口比例為六：十，到了一九六五年，這個數字轉變為二十一：十。相對的，社會基礎設施也迅速完備起來。市郊興建起大量的住宅社區，道路狀況也得到明顯改善。一九五〇年，全國鋪設好的國道只有不到兩千公里，一九六五年則增至一萬六千五公里以上，增加了八倍以上。在這之前，道路鋪設只針對主幹道，大多數普通道路是沒有鋪設路面的。所以遇到下雨，路面就會變得坑坑窪窪，一片泥濘。遇到乾燥天氣，路上又會有漫天沙塵撲面而來。即使沒有下雨或者颱風，碎石路也是坎坷不平，汽車只能顛簸搖晃著前進。前往名勝風景區時，也都是在這樣的道路上一路顛簸過去。

雖說鐵路運輸有了很大的進步，但與現在相比還是有天壤之別。我在大學時參加了學校的滑翔機社團，暑假要在仙台自衛隊的霞之目機場（即現在的仙台機場）進行練習。往返的夜間火車人滿為患，我記得曾經睡在列車的走道上。大學三年級的暑假，我去長崎的三菱造船廠（即現在的三菱重工）參加實習，那時的普快列車要二十四小時才能抵達長崎。悶熱的三等車廂裡，我坐在硬邦邦的椅子上，無比羨慕地望著裝有空調的特快列車從旁邊飛馳而過。

正式決定在一九六四年十月主辦奧運之後，東京的公路和地鐵都如火如荼地加速發展。當時的場面就彷彿東京所有的道路，都被整個挖起來一樣。

一九六四年，東海道新幹線開通。東名高速公路的東京到厚木路段於一九六八年開通，同年霞關大廈[17]正式落成。

一九六一年，位於上野的東京文化會館修建完工。在這之前，音樂會通常只能在狹小的日比谷公民會館舉行，以後終於有了可以容納交響樂隊的寬敞舞臺。當時我曾經自豪地讚歎，日本在文化方面也終於邁向已開發國家行列。幾十年後，我又有機會再度來到東京文化會館，看著已經老舊的建築，不禁感歎這裡也見證了一個時代的終結。

人們為何懷念「昭和三〇年代」

很多日本人都對「昭和三〇年代」（一九五五年到一九六五年）感到強烈的懷念。住宅社區兩房一廳的屋子裡，一家人圍桌而坐，看著黑白電視，其樂融融。看到這樣的照片，就算沒有出生在那個年代的人也不禁感歎「真讓人懷念」。人們為何會對實際上並沒有經歷過的時代感到懷念呢？

這是因為，「昭和三〇年代」在生活方式上是現代日本的原點。

在那個時代，日本人的生活水準快速提升。對比一九五〇年和一九六五年，裝有沖水馬桶的房屋從十一萬戶增至一百四十三萬戶。由於衛生狀態得到改善，嬰幼兒的死亡率也大幅下降，由一九五〇年的六十％降為一九六五年的十八％。私家車的數量增加近五十倍，從三點四萬輛增至一百七十萬輛，老百姓也買得起私家車的時代來臨。

17　霞關大廈位於東京千代田區霞關三丁目，由日本三井不動產公司所有。是日本最早的超高層建築，高一百四十七公尺，地下三層，地上三十六層。

在此之前，日本的生活方式與戰爭之前並沒有什麼不同。都是榻榻米上擺著矮腳桌，冬天還要配上烤火盆和被爐。過去一直坐在坐墊上，從這個時期開始變為坐在椅子上。人們的夢想就是住進新建的住宅社區。

接下來，黑白電視換成彩色電視，映像管電視變為液晶電視，但它們顯示圖像的基本功能都一樣。雖然汽車的性能也大為改善，但其基本功能同樣並沒有本質上的改變。所以人們看見那個年代的照片，總會感覺那就是如今的源頭所在，因此懷舊之情也就油然而生。但是對於矮腳桌烤火盆等現在已經消失的東西，人們大概就不會抱有懷念之情了吧。

高速成長的陰影之一：煤炭

顯而易見，日本一天天變得富裕起來。但同時也有一些領域逐漸落後於時代，煤炭產業就是典型。

在戰後復興時期和採用傾斜生產方式的時代，基本能源主要來自煤炭，煤炭產業是核心產業之一。但是日本進入經濟高速成長時期之後，石油迅速取代煤炭成為主要的產業能源。對於必須依靠煤炭的鋼鐵等產業來說，從國外進口的煤炭因為物美價廉而受到廣泛採用，對國內煤炭的需求驟減。因此，日本各地的煤礦業紛紛倒閉，這又引發了多起與社會主義運動有緊密關係的勞資糾紛。其中比較有名的是一九五九年至一九六〇年發生的「三井三池爭議（三池抗爭）」。

三池煤礦是從江戶時代延續下來的大型煤礦，橫跨福岡縣和熊本縣，由三井礦山公司經營。公司因經營惡化而不得不裁員，引發了勞資衝突，陷入長期罷工的局面。財政界支持經營者的公司一方，而日本工會總評議會則支持工會一方。這場爭議受到社會的廣泛關注，最後以資方取得勝利告終。

不過，因礦產公司倒閉而失業的勞工受惠於當時的好景氣，幾乎都成功地重新找到工作。與同一時期的英國不同，日本的高經濟成長率推動了產業結構的改革。

高速成長的陰影之二：農業

農業是被時代拋棄的另一個領域。日本的農業原本是勞動密集型產業，雖然單位面積的產量較高，但是勞動生產率很低。加上戰後農地改革將土地分割給了佃農，土地無法集中，農業的勞動生產率遲遲無法提高。與製造業的快速發展相比，農業收入相對較低。

對此，政府透過糧食管理制度，對農民提供收入補償。根據一九四二年制定的《糧食管理法》（簡稱《糧管法》），政府對稻米和小麥等糧食的價格和供需進行管理。也就是說，保護農戶的機制實際上是戰爭時期所形成的一九四〇年體制的一環。

從戰爭時期到戰爭剛結束期間，《糧管法》本是強迫農戶上繳農產品，由政府分配給國民的制度。但隨著糧食供應困難的問題得到解決，糧食上繳制度遭到廢除，《糧管法》變成了政府管控農產品價格的制度。

戰後的糧食管理制度採用雙重價格制，規定了收購農戶糧食時的生產者米價，和出售給指定商家的消費者米價。為了確保農民收入，生產者米價往往會設得高於消費者米價。

隨著農業機械化的進步及農藥化肥的普及，使稻米產量年年上升。一九六七年，日本的稻米收成量達到自給自足的地步，之後一直處於生產過剩狀態。為了保護農民，政府會收購農戶生產的所有稻米，同時為了抑制稻米產量，開始以支付補償的方式要求農民減少種植稻米（該政策被稱為「減反政策」）。另一方面，政府也禁止從外國進口稻米。

日本國民接受了農戶保護政策。因此，戰後日本得以成功地抑制了貧富差距的擴大，將可能引發社會不安的要素限制在最小的範圍之內。

這也是一九四〇年體制的政府管控層面發揮作用的結果。一九四〇年體制不僅支撐著經濟高速成長，同時也對調節日本由農業社會進入工業社會過程中，不可避免的貧富差距問題，發揮出重要的作用。

高速成長的陰影之三：中小企業

另外，日本社會具有「雙重結構」的特徵也經常受到關注。也就是說，日本既有從工業先進國家引進最新設備、提高生產率的大企業，也有堅持傳統生產方式、生產率較低的中小企業，兩者在資本集中程度、生產率、技術、薪資等方面都存在著極大的差距。大企業將生產轉包給中小企業，利用中小企業較低的人事費來節約生產成本，並在景氣惡化時將其作為緩衝。

一九五七年的《經濟白皮書》指出，「在就業結構方面，一方面我們擁有現代化的大企業，另一方面以之前的勞資關係為基礎的小企業、依靠家族經營的小企業和農業依然存在。它們處於對立的兩端，中間類型的企業比例極小」，並認為中小企業屬於「日本的落後領域」。

但由於經濟持續高速成長，導致勞動力的需求強勁，中小企業也不得不提高薪資，與大企業之間的薪資差距得以大幅縮小。

另外，雖然興建了許多高速公路和新幹線，但是交通基礎設施仍然不能充分滿足人們的上下班需求。這一時期，東京首都圈的國有鐵道沒有開闢新的線路來解決上下班問題。雖然市中心加快了地鐵的建設，但通往郊區的路線仍然不足。我認為這是造成八〇年代土地問題的一個重要原因。

2

在大藏省看到一九四〇年體制的真相

「從今天起，你就是通產省的人」

我在大學進了工學院的應用物理學系，專攻半導體研究。當時的指導老師是田中昭二教授，他在超導體的研究方面曾經獲得諾貝爾獎提名。田中教授極為重情重義，在研究上相當嚴格，在照顧學生方面也總是盡心盡力。

在研究室裡專心實驗到深夜的生活持續了數年，轉眼就到了該思考就業問題的時期。我從沒考慮過成為一名學者。因為做研究必須留在大學，繼續做幾年沒有薪水的研究，對於我這樣的單親家庭背景而言，並沒有這樣的餘力。當時能以當學者為目標的學生，多是富裕人家的孩子。我的一位高中同學在大學時讀經濟學系，他甚至曾經對我說：「成績太好會被建議留校，我可不能讀得太好。」

應用物理學系的畢業生，多半是進入日立製作所、東芝、八幡製鐵、富士製鐵、電電公社等大公司工作。

工學院的學生在大三和大四的暑假要去工廠實習。我在大四時曾到一家知名電機製造商的中央研究所實習了一個月。我不喜歡那裡的工作氣氛，希望能從事「視野更寬闊的工作」。於是我考了研究所，同時開始自學經濟學。

我覺得參加公務員考試最能證明自己學過經濟學，所以在一九六三年的初夏參加了經濟類職位的公務員考試。雖然並沒打算做公務員，但考試成績公布以後，我還是抱著增長見識的想法去通產省參加面試。沒想到走進會客室，正面坐著的一個人就站了起來，緊緊握著我的手，當場宣布「從今天起你就是通產省的人了」。

那個人是通產省的特許廳長官佐橋滋。他是通產省「統制派」的領袖，也是城山三郎的小說《官僚們的夏天》中「風越」這個角色的原型。作為通產省的非核心部門，特許廳的長官怎麼能夠有權參與通產省的職員招聘？這是因為在通產省內部的權力鬥爭中，他雖然一時脫離了核心地位（詳見本章第三節），但實際上仍然掌握人事大權的人物。

佐橋長官的左邊坐著一個圓臉的人，一言不發，只是溫和地笑著。後來我才知道這個人是通產省的秘書科長川原英之（政府部門的秘書科長相當於民間企業的人事科長，負責人事的錄用）。我對始終未發一言的川原科長印象非常深刻，現在想起他來，還會有種莫名的感動。他也是佐橋軍團的一名幹部，在《官僚們的夏天》中以「鮎川」之名登場。三年後的一九六六年，現實中的川原英之先生在擔任通產省官房長官的期間突然去世。

總之，那一天，儘管我並沒有打算做公務員，卻因為去了一趟通產省，而被逮個正著。不過，這還只是故事的開始而已。

被延攬到大藏省

那天我剛回到家，就接到了大藏省打來的電話，叫我馬上過去。於是我急忙趕到大藏省，負責人事招聘的高木文雄秘書科長，立刻單方面地向我宣布：「你被錄用了。」

高木科長後來成為大藏省的事務次官，並做了國鐵公司的總裁。他在我參加公務員考試時曾經主持過我們的集體面試（十幾個考生針對考題進行討論），他可能是在那時記住了我。

雖然大藏省宣布錄用了我，但我已經同意進入通產省。不過聽到我說「其實剛才我已經在通產省跟佐橋長官握過手了」，高木科長滿不在意地說：「這個你不用擔心，我去跟他們聯絡。」

他還說：「你去主計局負責通產業務的人那裡打聽打聽，通產省不過是大藏省下面的一個局的再下一級部門在管理的，大藏省比那種地方好多了。」

這理由真是有點牽強（或者根本算不上理由），總之我被不容分說地延攬進了大藏省。

要說當時比較正式的考試，大概就是有剛從駐德大使館返日的官房調查科長，參加的那次面試。因為我的履歷表裡寫著「會說德語」，他說要考考我的德語。考題是向前來參觀東京奧運的德國人，詢問他們對東京的印象。我隨便說了一句：

「Wie denken Sie für Tokyo?」對方立刻指出其中的錯誤說：「不對，應該是Was für ein Eindruck haben Sie über Tokio?」

可能高木科長打了招呼，我沒有向通產省做出任何解釋就進了大藏省。對此我一直惦記在心。過了幾年之後，有個機會與通產省的佐橋先生談起這件事，他好像早已不記得了，我終於覺得放心了一點。（可能當時這樣的情況滿常見的吧！）後來，一位進了通產省的朋友在退休之後感謝我說：「你沒去，我才有機會進了通產省。」雖然不知事實是否果真如此，但他的話也多少使我得以釋懷。

就這樣，在日本這種上下階級分明的縱向社會中，我卻做了橫向移動。

這個在預期之外得來的工作，讓我在大學裡和教授產生一些摩擦。田中教授聽說我要去大藏省這個跟自己研究毫無任何關係的地方就業，一度大發雷霆，把我帶到學校門口的咖啡廳，連日花上幾個小時來勸說和教訓我。他甚至還找來我的好幾個高中同學，要他們想辦法勸我回心轉意。這件事也給我的朋友們添了許多麻煩，直到我在大藏省工作幾年之後，田中教授才終於原諒了我。

大藏大臣獨具一格的就職訓話

一九六四年四月，我們同期進入大藏省的二十名新進職員被帶到大藏省的大臣辦公室。大家排成一列橫隊，恭迎前一年就任，當時只有四十五歲的田中角榮大藏大臣。

田中大臣大步地走向我們，從隊伍的一端開始，依序與我們每一個人握手。他也不看筆記，也不問秘書，就能一字不差地叫出每個人的名字，邊握手邊說「〇〇，好好幹」。接下來，大臣開始向我們訓話。

他說：「你們的上司當中，可能會有一些笨蛋，他可能無法理解你們的優秀建議。遇到這種情況，你們可以來找我。不要客氣，直接到大臣辦公室來找我。」光是在那一瞬間，他就馬上抓住人心，田中角榮收買人心的手段可真是高明（不過後來聽說，他在各種場合都喜歡說「直接到大臣辦公室來找我」）！

接下來，我們又到另一間辦公室，聽高木科長講話。他指示我們如何做好成為新進職員的心理準備。

他說，「前幾天，你們的前輩中，有人喝醉了，把警察扔進皇居的護城河裡。胡鬧到這種程度都沒關係，我會替你們擺平。但是比這更無法無天的事，就不要做了。」

這個具體的例子讓我們清楚地理解到，絕對不能越過的界限在哪裡。

在二十年以後，大藏省還真的有人做出越過這個界限的事。也就是說，有人忘記高木科長的警告，這件事會在第五章詳述。

古村裕官房長的訓示是：「各位算是來到了最低點。」（這應該不算是訓示，而是股票行情的預測吧）他想傳遞給我們的資訊是，社會對大藏省的評價已經到了最低點，所以今後只會好轉，不會更加惡化，叫我們無須擔心。但遺憾的是，他的預測落空了，大藏省的最低點還在後面等著呢。

順道一提，當時我們的薪資是月薪一萬七千三百日圓。

大藏省的人們

現在大藏省的辦公大樓外牆貼著瓷磚，但在當年我工作的時候，辦公大樓的表面只是光禿禿的水泥牆。沒有任何裝飾，毫無特點。與仿照比利時國家銀行建成，典雅高貴的日本銀行大樓相比，這裡的環境彷彿更適合做流浪武士的棲身地。

只有地面鋪著實木拼接的地板略顯優雅。多年後我到東京大學尖端科技研究所工作，研究所與大藏省辦公大樓是同一年代建成的，地板也一模一樣，讓我感到十分懷念。

我被分配到理財局的總務科，理財局負責國債和財政投融資等工作。第二年我調到理財局資金科，從事財政投融資工作（關於財政投融資，將在本章第三節詳述）。

雖然我說「從事財政投融資工作」，但是其實作為一個新進職員，我的工作內容不過就是轉送公文、整理資料等雜務。當時的會議資料都是油印的，計算用的是手動的機械式計算機。我總是被上司或前輩使喚，在大藏省內部來回跑腿。晚上加班時還要幫大家點外賣當宵夜，還在深夜裡給大家泡過泡麵。據說這些工作的目的是為了讓新進職員去掉大學畢業生的自負。

不過在這過程中，我也接受到一些無意中的訓練。例如，經常需要拿著緊急的裁定公文請副科長、科長或者局長簽字蓋章，因為長官都會詢問裁決的內容，所以我都會提前學習有關的內容（順道一提，當時局長等級的人，在裁定公文上簽署時，並非蓋印章，而是簽一種名叫花押的署名）。

在大藏省內四處跑腿的過程中，其實也是新進職員推銷自己的好機會。而且，我們也可以藉機了解和品評對方。例如有些總是見機行事的人就會說：「在我蓋章之前，先去問問局長怎麼說。」誰是有能力的人，誰可以信賴，誰比較「黑」，大藏省內的人物評價，往往就是透過這些日常交流，自然而然地在大家之間形成共識。我也被許可出席局處等級的會議。雖然無權發言，但是觀看案件討論及決議的整個過程，也可以學到很多東西。

到了晚上，局長的女秘書下班以後，我們這些新進職員會臨時接手她的工作。工作的內容就是想辦法將一個接一個前來陳情的政治家們打發走。如今的情形是政府官員們抱著資料到議員的辦公室去「解釋說明」，當時的權力高低關係與現在恰恰相反。

到了夏天，我們會卸下房間入口的鐵門，換上木格子的門。不過還是很熱，所以等到女職員都下班以後，我們就把腳泡進冷水桶裡工作。編列預算期間的耶誕節，我們就直接在科室的辦公桌上慶祝。

工作環境一天天改善，電梯由專人手動控制變為自動運作，影印機由之前的濕式複印機變為大型的複合電子影印機。局長辦公室也裝設了空調，局長不在時，我們也曾經溜進去避暑乘涼。

大藏省萬能演講法

前輩們傳授了許多處世法則，例如「在走廊走路時一定要拿著一些公文，兩手空空會被視為無能」「不過當上科長之後，公文就要交給部下，自己絕對不要拿」等等。

大藏省甚至還有萬能演講法，專門用來應付突然需要發言的場面。據說就是不論什麼情況，一律用「這個世界是由經線與緯線交織而成」的這類說法來搪塞。例如，如果提到稅收問題，就可以說：「所謂稅收，是由稅務局徵稅這條經線和納稅人合作的這條緯線構成。只有兩條線互相配合，才能形成適當的稅收體系。」關鍵是要用「線」來比喻，使大家聯想到布匹，然後恍然大悟，表示理解。

有一天，我在倉庫裡尋找公文，偶然發現一份寫著「起草人：平岡公威」的文件（平岡公威是日本著名作家三島由紀夫的原名。三島由紀夫從東京大學法學院畢業以後，曾經在大藏省銀行局工作過不到一年的時間，和長岡實等人是同期的同事）。

我當時曾想偷偷地把它抽出來放進口袋裡，但終究心存顧慮，還是放了回去。現在想起來，覺得非常後悔當初為什麼沒有把這份文件保留下來。剛就職第一年的新人起草的文件，對大藏省來說應該不是什麼大不了的東西，三島由紀夫簽名的這份公文，後來想必和其他資料一起被處理掉了。如果是由我保留到現在的話，一定具有極高的價值。

在IMF、世銀年會中初出茅廬

一九六四年，ＩＭＦ及世界銀行的年會在東京召開。與奧運會一樣，此次年會的目的之一，無疑也是向世界展示日本達成經濟復興之後的英姿。

我們也被派往會場幫忙。所謂幫忙，就是進行會議之前的準備和會議期間的聯絡工作。我曾經把文件送到法國當時的財政部長，後來成為總統的季斯卡手裡。

年會的會場設在帝國飯店和剛剛建成的大倉酒店。大倉酒店總館於二〇一五年秋天開始拆解作業，令人不得不再次感歎「一個時代的開始與結束」。

東海道新幹線是用世界銀行貸款修建的，所以在線路正式開通之前，我們曾經招待世界銀行成員進行試乘，帶他們到京都遊覽。回程坐的是普通列車，大家不禁驚歎新幹線與普通列車的差距竟然有那麼大。

進入大藏省的第二年，我調到了資金科。這是一個比較大的科室，有五十多名職員，坐在房間的一側，只見另一側都籠罩在香菸的煙霧當中。

這段時間，我每天都工作至深夜。在辦公大樓地下室被稱作「太平間」的房間裡稍微打個盹兒，然後被清晨第一班電車的聲音吵醒。接下來又重新展開全力工作的一天。

一九四〇年體制的廬山真面目

我在理財局總務科工作時，該局地方資金科科長是剛從比利時歸國的竹內道雄。可能這份工作太缺乏挑戰性，他總是把腳翹在桌上打瞌睡。竹內不久之後被任命為資金科科長，開始在資金科發揮才能。

竹內道雄是我遇見過最聰明的人。不管對話有多複雜，他都能瞬間理解，還能預料到之後的發展。大藏省的工作大多與數字有關，他的心算速度快得驚人，只看一眼表格，就能馬上計算出箇中明細。有人說他是法國明星傑哈·菲利普（Gérard Philipe）[18]投胎轉世，有人說他是白俄羅斯人，我卻認為他是外星人。

竹內後來成為主計局長、事務次官。他與之後任事務次官長的岡實同樣畢業於府立一中，是學長學弟的關係。竹內在上學期間曾因為女性關係問題受到停學處分，聽說重新回到學校那天正好趕上朝會儀式，他從站在學生最前排的級長[19]長岡面前走過，打招呼說：「小鬼頭，還好嗎？」然後才站到隊伍尾端。

大家都知道，公務員大都是按照入職先後論資排輩的。可最使我驚訝的是，大藏省的論資排輩做法竟然都沒有改變。資格最老的是事務次官，之後依次為官房長、局長、次長和科長。從戰前到戰爭時期，再到戰後，按工作年限排序的做法，絲毫沒有因戰爭結束而打亂。這件事也說明了，戰爭時期形成的一九四〇年體制在戰後也依然繼續沿用。

從物理方面也可以看到一九四〇年體制的痕跡。辦公大樓的設計如此平淡乏味就是因為它是在戰爭時期建成，因為物資不足而沒有任何裝飾。地下會議室原本是考慮到可能會在日本本土展開決戰而設計建造。可能是為了在這裡狙擊從東京灣登陸的美軍吧，大樓樓頂上還建有阻隔燃燒彈的厚重防護牆（由於重量過重使大樓傾斜，後來被拆掉）。

18　傑哈・菲利普（一九二二～一九五九）法國演員，以形象端莊儒雅著稱。
19　日本中小學生的學生幹部稱號，管理整個年級。

一九五六年的《經濟白皮書》宣稱「已經不再是戰後」，意味著戰後復興階段的結束。但是對大藏省來說，無論在戰爭時期、戰後時期，還是後來的歲月，全都沒有任何差別，還是過著依然故我日子。

著作《二十一世紀的日本》

工作第三年，我整整離開工作崗位一年去參加經濟學方面的培訓。因為有了時間，我與高中時代的朋友合寫了一篇名為〈二十一世紀的日本〉的論文，參加政府主辦的徵文比賽。結果我們獲得了最優秀總理大臣獎。一九六八年，這篇論文被東洋經濟新報社以《二十一世紀的日本～十倍經濟社會與人》這個書名出版。

論文的內容是以「十倍經濟社會」為關鍵字的無限樂觀主義。當時在日本，人們都相信「明天一定會更好」。當我得知「黃金時代」這個詞在歐洲意味著過去的榮耀時，不禁有種奇妙的感覺。因為對於六〇年代的日本人來說，誰都理所當然地認為黃金時代是指未來的時代。

現在，我們可能願意承認黃金時代是指過去的事。但是在那個年代，人們對未來的感覺卻與現在截然不同。

話說回來，我們的論文雖然得獎，卻沒有得到周圍人的祝賀。我的親戚中有一位日後做了事務次官的人對我說：「公務員靠這個揚名並非好事，把獎退了吧。」（他因為碰巧被借調到總理府，所以了解評選經過）我當然沒有照辦，但是透過此事，我也更加理解到公務員的潛規則是怎麼回事。

3

高速成長的機制

一般觀點

關於日本是如何達成高速成長，一般的觀點如下。首先是經過戰後復興時期，由於韓戰的特殊需求，使日本得以完成復興工作。之後日本正式迎來發展的時代，以索尼、本田等為代表的戰後新生企業蓬勃發展，勤勞的日本人經過不懈的努力實現了經濟高速成長。這就是NHK的節目《X計畫～挑戰者們》所呈現的歷史觀。

雖然不可否認，日本在經濟高速發展時，確實有歷經過這些過程，但是如果放眼世界，冷靜觀察就會發現，日本的發展過程並非例外。

發展中國家要追趕先進國家，從農業社會走向工業化和城市化，在這一過程中，勢必會出現較高的經濟成長率。工業化所需的技術已經開發完成，先進國家也已經示範了那些技術的使用方法，所以只需模仿就好。將來的發展前景也比較容易預測，所以轉換產業結構的速度自然很快。實際上，八〇年代的亞洲四小龍（臺灣、香港、韓國、新加坡）和九〇年代之後的中國也經歷了與五〇年代的日本同樣的高速成長階段。

但是就日本來說，還有以下幾個因素加速了工業化的發展過程。

高速成長時期是重工業的時代

促進日本經濟高速成長的因素可以分為外因和內因。所謂外因，是指當時的時代背景對日本經濟的發展相當有利。

第一，技術方面的環境適合一九四〇年體制。當時的先進領域主要以鋼鐵、電機、造船、石油化學等重工業為中心。這些領域都有助於大型企業利用垂直整合型管理方法提高生產效率。因此，經濟活動不以透過市場的合作為主，而是主要以大企業內部的職能分擔與合作為核心。強調個人對集體的奉獻更勝於追求個人利益的一九四〇年體制，在這些領域中剛好能發揮它的最大效用。

在這個時代，西德和蘇聯擁有與日本同樣的經濟體制，也都將重心放在組織的活動上而非市場上。

社會主義國家蘇聯加速推動工業化發展。在衡量工業化發展程度的鋼鐵產量方面，從六〇年代末開始，蘇聯已經追上了美國（第九十四頁圖 2-3）。

美國著名經濟學家保羅・薩繆爾森（Paul Samuelson）在六〇年代的著作中公開稱讚蘇聯的經濟成長，並且在以後的幾次再版中，都不斷增加肯定蘇聯經濟體制的語句。連信奉市場經濟的薩繆爾森都不得不承認蘇聯的成績，可見蘇聯的經濟在當時發展得多麼一帆風順。這是因為，當時蘇聯的經濟體制順應了那個重工業時代的需求。

同時蘇聯在基礎科學領域也具備領先世界的實力。當我還是攻讀工學的大學生時，曾經讀過蘇聯物理學家關於量子力學和統計力學領域的著作影印版。

中國處於鎖國時代

第二是因為當時的國際環境也對日本有利。

當時日本在世界經濟中屬於中等發達的國家。因為薪資與歐美先進國家相比更低廉，日本以低廉的勞動成本為武器，透過大量生產工業產品，佔領了先進國家市場。

六〇年代末到美國留學時，我對美國同學說，「日本汽車的性能正在不斷提升，不久就會在美國的高速公路上行駛」，曾經引起哄堂大笑。因為在那個時代，日本的小型汽車在美國的高速公路上行駛是一件令人難以置信的事。

如果勞動力成本遠比日本更低的中國也在這個時期開始發展工業，日本的經濟恐怕就無法達成如此高速化的成長吧。但是，中國一直到七〇年代後半都處於鎖國狀態，採用「大躍進政策」這個愚蠢政策封閉中國的毛澤東，可說是日本高度成長的恩人。

此外，有人認為日本的高速成長是「出口導向型，依賴外需而成長」，但事實並非如此。

在經濟高速成長時期，日本出口貿易額在GDP中始終只占十五%以下。而當今亞洲新興經濟體的這個數字，依序為韓國四十二點九%、泰國五十八點一%、馬來西亞七十三點一%、香港一百六十七點五%、新加坡一百三十八點七%，都是非常高的數值。這表明日本是屬於完全不同的經濟結構。依靠外需引導經濟成長的現象只是在二十一世紀以後，才真正在日本出現的。

五〇年代之後的日本，個人消費與公共投資的增加導致國內市場迅速擴大，為了滿足市場需求，設備投資增加，而設備投資增加則又誘發新一輪的設備投資增加。這種良性循環促使經濟高速成長。出口貿易增加，不過是由於國內市場擴大所產生的規模經濟，使日本產品競爭力提高的結果而已。

高速成長的制度基礎之一：低利率與資金配給

推動日本實現經濟成長的內因就是本書再三強調的一九四〇年體制。正如本書第一章所述，一九四〇年體制在日本經濟復興過程中發揮了重要作用，在經濟高速成長過程中也發揮了重要作用。如果沒有一九四〇年體制，日本未必能夠實現經濟高速成長。不過，一九四〇年體制的內容與復興時期相比發生了一些變化。以下對此加以說明。

由於貿易收支穩定呈現盈餘，一九六四年三月底，日本接受IMF「不得以國際收支惡化為由干預匯率」的規定，成為該組織第八條款國。由此，日本廢除了外匯配給制度，修訂了第一章第三節介紹的外匯及貿易管理制度。曾經給通產省帶來無上許可權的外匯配給許可權就此不復存在。

制度上的重大變動並沒有對日本經濟造成打擊。而且外匯配給制度廢除以後，建立在人為低利率基礎上的資金配給制度仍然存在，也就是透過財政投融資與銀行貸款來進行的資金管制。

首先，日本與國外的資本交易仍然受到《外資法》的限制，國內的金融市場與海外的金融市場被切割開來。對民間企業，仍然還是沿用慣例，基本上不允許透過資本市場進行融資。因此，民間企業不得不依靠銀行貸款來獲得資金。

除此以外，政府還限制銀行利率，人為地保持較低利率（日本的利率自由化是在八〇年代以後才實現）。禁止直接融資以及人為的低利率，造成了企業對銀行資金的過度需求。正如第一章第三節所述，銀行由此掌握了對企業進行資金配給的大權。

負責為產業界提供資金的銀行，是日本興業銀行等長期信用銀行，以及三菱銀行、三井銀行等都市銀行。

人們把錢存到銀行，都市銀行便利用這些資金向企業提供貸款。雖然地方銀行和信用金庫等金融機構也接受個人存款，但由於沒有大企業向它們申請貸款，因此只能將資金借給都市銀行或者購買長期信用銀行發行的金融債券。長期信用銀行是指在一九四〇年體制中，例外地被允許發行債券在市場上進行直接融資的特殊金融機構。長期信用銀行便利用此項特權籌措資金向企業提供貸款。

在這個金融體系中，長期信用銀行位於民間銀行的頂點，接下來依序為都市銀行和地方中小型金融機構。這一順序在後文會提到的「護送船隊方式」中固定下來，大藏省透過對長期信用銀行和都市銀行進行行政指導，藉此間接控制它們對民間企業的貸款。

但與經濟復興時期的不同之處在於，此時民間資本已有一定的積蓄。因此在資金來源方面，銀行對日本銀行的依賴程度日益降低，日本銀行的窗口限制也失去了效力。

高速成長的制度基礎之二：財政投融資政策

能夠讓人們存款的地方除了銀行之外還有郵局。在日本，郵政儲蓄的歷史更悠久，從明治時代出現郵局時就已經存在。

在經濟高速成長時期，除了來自郵政儲蓄的資金以外，大藏省還利用官方老人年金的保險金，由資金運用部來執行有計畫的政策性投融資。這就是財政投融資（簡稱財投）計畫。

財投運用在各個領域上，例如完善道路及政府公共住宅等的社會資本（道路公團、住宅公團），向基礎產業提供低利率貸款（日本開發銀行、日本進出口銀行），向生產率較低的小工廠及小企業提供補助（中小企業金融公庫、國民金融公庫）等。

由於財投利率低於一般銀行的貸款利率，所以獲得財投資金有很大的好處。但是政府的一般預算中，除了針對政策性金融機構的利息補貼以外，並沒有針對財投的低利率投融資的支出。那麼不借助補貼，財投如何提供低於市場利率的資金？這主要靠以下機制來達成。

這一時期，日本政府對金融機構採取「護送船隊方式」管理，也就是既不讓任何金融機構破產，也不允許新的金融機構進入。銀行的利潤源自於貸款與存款之間的利息差額。按照護送船隊方式，銀行存款和貸款的利率都由政府決定。兩種利率之間的差額標準，是按照即使是小的地方金融機構，也能經營下去的水準來決定的。銀行利率不因金融機構的規模大小而不同，這就使得大規模、經營體制完善的銀行能夠獲得超額利潤。

另一方面，郵政儲蓄和財投由政府管理，無須獲得超額利潤。所以獲得相當於超額利潤部分的盈利，就能用來填補降低利率所造成的損失。這也就是無須補貼，就能提供政策性低利率資金的機制所在。這種機制只有在管制式金融體制下才能達成，是非常巧妙的一個系統。

財政投融資計畫的大部分專案，都不是國會的審議對象。也就是說，大藏省可以自行裁決。政治家們為了使自己的選區，或者自己的支持者們能獲得更多、更有利的財投資金，經常到主管財投業務的理財局關說。

大藏省是唯一的贏家

從戰後到經濟高速成長期的資金配給問題，也可以了解到政府各機關部門的優勝劣敗歷史。

首先可以從日本銀行對大藏省的視角來看。日本進入高速成長階段以後，日本銀行對銀行進行窗口限制的效力逐漸減弱，但大藏省依然對銀行具有行政指導權，也就是間接控制權仍然存在。從這個意義上說，是大藏省獲得了勝利。用城山三郎的《小說日本銀行》的話來說，這是大藏省的池田勇人戰勝了日本銀行的一萬田尚登。

再來從通產省對大藏省的視角來看，通產省失去了外匯配給權，而大藏省仍然掌握著財政投融資的決定權，也就是說大藏省仍舊可以透過金融來進行管控。這一回合仍然是大藏省獲勝。

這些與其說是權力鬥爭的結果，不如說是伴隨經濟形勢的改變而必然發生的變化。

大藏省的權限擴大，在政治方面增強了與大藏省人事關聯更多的自民黨的實力，特別是大藏省出身的池田勇人所創建的「宏池會」的力量。宏池會先後產生了池田勇人、大平正芳、鈴木善幸和宮澤喜一等四位首相，被稱作日本政治的「保守本流」。

財政投融資對低生產率部門的支援

財政投融資也被稱為「第二預算」，具有補充一般預算的作用。

例如，為了讓那些如果放任不管將會陷入貧困的農戶，獲得政府補助收入，在預算上，就依靠糧管制度保證米價以維持農戶的收入，與此同時，農林漁業金融公庫則透過低息貸款來幫助農戶。低息貸款用的就是來自財政投融資的資金。

小企業透過國民金融公庫提供的貸款維持生產和經營。在民間銀行的個人住房貸款並不充分的情況下，由財投出資設立的住宅金融公庫提供的住房貸款，也幫助許多百姓圓了買房的夢想。

六〇年代，物價一直持續上漲，大城市的住宅用地價格更是上漲得特別顯著。對於能夠獲得貸款買地蓋房的人來說，這是非常有利的經濟環境。並不只有大企業靠土地發了財，許多老百姓也靠買房獲得了豐厚的隱性收益。

是誰發明了財政投融資

財政投融資這個巧妙的機制是誰發明的？我花費了很多精力調查，還是沒能找到答案。

郵政儲蓄早在明治時代郵政事業開始階段就已經存在，戰前這項資金主要由大藏省存款部透過購買國債的方式加以運用。財投的資金，是在戰後才開始透過名為「財投機構」的政府機構運用在投融資上的。

雖然世間不太了解財政投融資的機制，但財政投融資卻對日本經濟的高速成長發揮了極為重要的作用。首先，「道奇路線」後，處於經濟高速成長期的日本，之所以能不依賴發行國債而維持均衡財政，完全是因為有財政投融資的配套運作才得以實現。

如果沒有財政投融資，一般預算中用於完善社會基礎設施的公共事業費必然增加，很難維持財政均衡。例如在完善和修建道路方面，國家一般預算提供國道的建設費用和對地方道路的補貼費用。但是僅憑這些並不能滿足需求，所以還需要建設收費道路，收費道路則依靠財政投融資完成建設。透過這種絕妙的配套組合，日本得以實現了不依賴發行國債的「小型政府」。

財政投融資計畫由多家財投機構實施，這些機構也成為大藏省職員等公務員的「空降」目的地，退休的官員還可以到這些機構繼續任職。「空降」雖然遭到批判，也確實存在很多問題，但是不能否認，為退休的官員準備好去處，可以使人事更迭更為順暢，因此也具有防止老人掌權，利於組織新陳代謝的正面作用。

當時，大藏省負責預算的主計局在辦公大樓的一樓，而負責財投業務的理財局在三樓。所以不能編入一般預算，需要財投補貼的專案通常稱作「轉交三樓」。但是因為這其中的判斷基準相當曖昧，理財局對從主計局轉交過來的情況也比較警惕，以免接手那些一般預算無法處理的不合理案件。

大藏省的特點可以用一句話來形容，那就是「有局無省」。我也確實感覺到，在大藏省內部的各局之間，很多時候是對立和不信任要多於相互合作的。

後來我調到主計局，還被告誡「重要資訊不要告訴外人」，使我非常吃驚。這裡所說的「外人」並非大藏省以外的人，而是主計局以外的人。

《特振法》及其挫敗

隨著日本的經濟成長，一九四〇年體制的各種限制規定也被逐漸廢除。

一九六三年，日本加入了關稅暨貿易總協定。因此不得再以國際收支為由限制進口，也就是必須推行進口自由化。這一年日本的進口自由化比例超過了九十％。日本在這個時間點實現了商品的貿易自由化。

接下來的課題便是錢的自由化，也就是資本的自由化。

在此之前，根據一九五〇年制定的《外資法》，日本將外資對內直接投資的出資比例限定為五十％以下，並且規定「只批准有利於提高國民收入、增加就業、改善國際收支的投資」，「原則上禁止」外國資本流入日本。

但是，經濟合作暨發展組織（ＯＥＣＤ）對日本提出的加盟條件是，必須加入簽訂《資本交易自由化相關條約》，推動資本自由化。其內容包括廢除《外資法》，取消對外國資本在日本設立子公司或者獲得股份的限制。

面對ＯＥＣＤ的要求，日本經濟界和部分政府官員感到憂心忡忡。他們認為，「無論是在資本方面，還是在技術方面，外國企業都占有絕對優勢。如果推行直接投資自由化，允許外國企業進入日本，日本企業會立即受制於人，國內汽車生產廠商將會被美國汽車三巨頭收購。資本自由化的要求就是『第二艘黑船[20]』。

在這種充滿危機感的背景之下，通產省提出了《特定產業振興臨時措施法》

（《特振法》），試圖透過企業合併及合作促進有規模的生產，以便對抗外資。該法案內容包括：「以鋼鐵、汽車和石油化學工業為對象，鼓勵企業間的合併和重組，調整投資，政府則對企業在金融和稅收方面給予優惠措施，進行補償。」以佐橋滋和川原英之等人為中心的官僚們，積極推動該法案的制定工作。但是在通產省內部，有兩派人馬存在，即主張依靠《特振法》積極推動企業重組的「管制派（國內派）」和持相反意見的「自由派（國際派）」。這兩派的對立就是城山三郎小說《官僚們的夏天》所描述的主題。

從一九六三年春到一九六四年，《特振法》曾經三次被提交到國會，可是以石坂泰三為首的經團聯以「官僚管制」為由表示強烈反對。金融界和大藏省也極力反對，最終該法案未完成審查就遭到廢除。

《特振法》遭到廢除的一九六四年，正是我進入大藏省的這一年（本章第二節

20　一八五三年，美國海軍準將馬修．培里（Matthew C. Perry）率領艦隊駛入日本江戶灣浦賀海面，強行要求日本與美國簽訂《神奈川條約》，從而打開了日本的國門。該事件在日本被稱為「黑船來襲」。

寫到佐橋滋當時在專利廳任職，就是因為那之前有《特振法》遭到廢除的這段經過）。這一年，日本接受IMF第八條款成為其成員國，同年四月還正式加盟OECD。從此以後，日本逐漸走上資本自由化的道路，並沒有出現產業界被外資控制的情況。

通產省提出的企業重組法案，在汽車行業以豐田和日產兩大公司為中心。如果這個《特振法》得以通過的話，當時還屬於新興勢力的本田和馬自達可能就沒有活路了。

雖然通產省擔心受到外資控制，但實際上當時日本的民間企業已經具備充分的實力，可以在國際競爭中和其他外國企業一較高下。甚至可以說，在這一階段，政府的限制和干預反而會阻礙民間企業的發展。《特振法》就是違反時代潮流的做法。

於是，民間企業拒絕了政府干預。就民間企業的活力來說，當時的情況遠勝於現在（正如本書第六章第六節介紹的，金融危機之後，日本的製造業開始變得明目張膽地伸手向政府要補貼。而且本書在終章中還會提到，企業也並不反對政府的干預）。

透過上述事實可以發現，本書提出的一九四〇年體制觀點，與「日本株式會社論」認為「日本在通產省的指揮下，官民合作才得以實現經濟成長」的觀點截然不同。

正如前文已經指出的，通產省對民間企業握有強權的時期，是在經濟高速成長期之前的五〇年代，也就是實行外匯配給的時期。在經濟高速成長時期，通產省對民間企業活動的影響力就減弱了。

金融管制雖然重要，但大藏省對企業的行政指導，原則上並不像日本銀行的窗口限制一樣直接干預具體的投資案件。當時，政府並不直接對民間企業的活動下達指示。

我後來進入大學工作之後，有很多機會與英美等國的海外學者，就日本經濟進行共同研究。我發現，許多外國學者對這一點都存在誤解。

「日銀特融」挽救了山一證券

日本經濟高速成長的同時，股票市場的規模也日益擴大，從五〇年代開始變得活絡起來。尤其是其中的野村證券、山一證券、大和證券和日興證券四大證券公司的市場占有率不斷擴大。

但是，一九六一年岩戶景氣結束之後，股票價格開始下跌。一九六三年十一月，甘迺迪總統遇刺事件成為導火線，引發了股價大暴跌。

證券公司的經營狀況由此開始惡化。特別是山一證券在一九六三年和一九六四年出現巨額虧損，陷入經營危機。當時證券公司在銷售方式上的不透明性，是造成經營危機的背後原因之一。

證券公司首先選擇有成長希望的企業，當作「成長股」推薦給個別的優質投資者。由於得到推薦，購買需求增加，這些股票的價格就會上漲。當推薦企業的股票上漲到一定程度，證券公司又會請投資者將股票賣掉，來確保收益。賣掉的股票再由該證券公司旗下經營的投信基金接手，以防止股票價格崩跌。這個機制利用投信基金為大額投資者謀取利益，實質上是欺騙了普通的投信基金投資人。但是，只要股票價格不斷上漲，投信基金也能從接手的股票中獲得利潤，所以投信基金「被利用」的事實，並不一定會被察覺和識破。

實際上，從一九六〇東京證券交易所的道瓊指數超過一千日圓時開始，投信基金開始迅速成長。受「再見，銀行。你好，證券」這句廣告台詞的影響，許多人提出銀行存款，改購買投信基金。其結果導致投信基金的規模急速膨脹，被喻為「小池塘裡遊著大鯨魚」。

許多購買投信基金的人都以為，投信基金的利潤更高，而且是與銀行存款同樣安全的資產。然而，一旦股價暴跌，投信基金也會狂跌，血本無歸的例子可說屢見不鮮。原本以為投信基金是安全資產的投資者，在驚恐之餘紛紛解約。投信基金為了向投資人還款，不得不賣出持有的股票，於是市場上的股票價格繼續下跌，陷入惡性循環。山一證券就是在這種情況下陷入危機。

大藏省在一九六四年對山一證券實施檢查，已經掌握了該公司的經營狀況，然而卻要求各大報社不要報導相關消息。但是一九六五年五月，沒有參與報導協議的地方報紙對山一證券的經營危機做了獨家報導。次日，投資者紛紛到山一證券各分公司要求解約退款，引發了擠兌恐慌。

山一證券資金周轉陷入危機的五月二十八日夜裡，日本興業銀行、富士銀行和三菱銀行行長與日本銀行副總裁，以及大藏省幹部在日本銀行冰川宿舍召開秘密會議商討對策。冰川宿舍是日本銀行專門用來協商機密事項的場地。

大家一致認為：「如果山一證券現在倒閉，將引發股價全面暴跌，會演變成真正的金融風暴。為了阻止這種狀況發生，必須依靠日本銀行特別融資來穩定人心。」所謂日本銀行特別融資是指，依照舊日本銀行法第二十五條規定，為了維持金融體系的信用，日本銀行對陷入資金不足的金融機構提供資金援助。

但是當時還沒有根據該條款進行貸款的前例，所以針對以何種條件、何種規模提供貸款，以及如果貸款不能收回時該如何應對等問題，與會者們爭論不休。

此時，晚一步來到會場的田中角榮大藏大臣做出決斷，決定「實施無擔保、無上限貸款」。就這樣瞬間做出了讓日本銀行對山一證券，以及全體證券業者，實施無上限特別貸款的決定。

五月二十八日深夜，田中角榮大藏大臣和日本銀行總裁宇佐美洵召開記者會，在會上承諾：「日本銀行將無擔保、無上限地為證券業者提供所需的資金。」一擠兌風波就此平息。山一證券公司在瀕臨破產的危急關頭獲救，其後又因為證券市場的交易恢復活絡，於四年之後的一九六九年，償還了日銀特融的所有貸款。

這件事變成田中角榮展現果斷、強勢領導才能的軼事，廣為流傳。

我對這個措施本身沒有異議。但是，對於日銀特融的實施是否如日本經濟史所普遍認為地那樣重要，我卻存有疑問。

由於特融的救助，經營不善的證券公司沒有在市場競爭中遭到淘汰。證券行業特有的銷售方式雖然可能使顧客蒙受損失，卻還是沒有被廢除。山一證券公司雖然獲救，但終究還是在一九九七年因為經營不善而倒閉。雖然日銀特融將證券行業從迫在眉睫的危機中拯救出來，但我認為這也使證券行業失去了脫胎換骨、轉換體質的機會。

4 從美國看日本

白人在從事勞力工作！

從一九六五年到一九七〇年，經濟形勢歷時五十七個月連續上漲的好景氣被稱為「伊奘諾景氣」。此時期出現了「３Ｃ」這個名詞，也就是彩色電視機、汽車和空調取代了過去的「三神器」。它們象徵著普通百姓的生活水準提高。我家也購買了一輛二手汽車。當時日本的汽車經常因為電池故障而無法發動。如果在停車場被大雪困住，就只能採用手動的方式發動引擎了。

一九六七年，我被大藏省外派到建設省工作。當時建設省的辦公大樓剛剛竣工，安裝了空調。這可是政府部門裡第一棟整棟配備空調的辦公大樓。建設省設有寬敞的停車場，我在這個時期開車上下班。現在可能不允許一般職員開車上下班了吧！行駛在大街上的車輛愈來愈多，常常發生路面電車無法正常行駛的情況。也是從這時開始，路面電車被慢慢撤除。

一九六八年九月，我獲得福特財團的獎學金，決定赴美留學。當時去國外還是一件新鮮事。電影《寅次郎的故事》中，全鎮的人們還一起為抽獎贏得去夏威夷旅行的寅次郎舉辦了歡送會。一九六四年，〈米洛的維納斯〉從法國羅浮宮運來日本，在東京上野的國立西洋美術館舉辦展覽。參觀的人們大排長龍，隊伍幾乎可以環繞上野山兩周。人們大概以為去法國參觀展覽是不可能的事情，所以都趕來參觀吧。橫跨太平洋的往返交通費相當於我當時半年的薪水，根本沒有想過在留學期間回國。我懷著如同遣唐使遠赴他鄉般的心情，遠渡重洋飛往美國。

同事們到羽田機場的舊國際航廈為我送別。前往美國的留學生們都帶著胸部X光片，以證明自己沒有罹患結核病。辦完出國手續通往登機門的走廊裡，還設有玻璃窗，供人們與送行的親友做最後告別。

我搭乘的飛機是最早期的噴射客機之一的DC-8機型。飛過國際換日線之後，機長向所有乘客頒發通過證書作為紀念。

在飛機途中降落夏威夷機場補充燃料時，我看見有白人在從事勞力工作。雖然這是再普通不過的光景，可是因為在日本從沒見過白人做體力勞動的工作，所以這個場景讓我留下了深刻印象。取得傅爾布萊特獎學金，比我早幾年到美國留學的作家小田實，在他的著作《什麼都要看一看》中，也曾描述了跟我一樣的感想。

我前往留學的地方是加州大學洛杉磯分校（UCLA）。其實這裡並不是我的第一志願。從第一志願學校落選的原因，與我的經歷有關。

能否進入美國的大學攻讀碩士或博士學位，完全取決於指導教授的推薦信。但我是工學院出身，經濟學全靠自學，所以無法找到經濟學專業的教授為我寫推薦信，為此我吃了不少苦頭。在上下階級分明的縱向社會進行橫向移動，雖然可以逃脫束縛獲得自由，但遇到這種情況時卻很頭疼。

讓人目眩神迷的富裕美國

大藏省的朋友在日本駐洛杉磯領事館任副領事，他開車將我從機場送到了大學。汽車下了高速公路之後，在加州燦爛的陽光下，到處都是令人目眩神迷的富足景象。

日本當時雖然已經步入開發中國家行列，但與美國相比，經濟實力還相差甚遠。而且UCLA校園所在的洛杉磯西木區在美國也是尤為富裕的地區。大學後面就是比比佛利山莊還要高級的貝萊爾豪華住宅區。

我因為沒有辦理入住學生宿舍的手續，需要在市內尋找公寓。但是，最便宜的住處每月租金也要一百美元。當時的匯率是一美元兌換三百六十日圓，一百美元也就是三萬六千日圓。而當時我的月薪大約只有兩萬日圓，所以對住宿條件的要求就是「沒有熱水也沒關係，只要再便宜點就行」，但終究還是沒能找到。洛杉磯沒有電車，沒有汽車的話幾乎寸步難行。我又是一個沒錢買車的窮學生，所以自己哪裡都去不成。不過美國研究所的課業也相當繁重，我每天都忙於在教室、圖書館和公寓之間往返，偶爾上街採買就算是唯一的放鬆。所以我即便有車，大概也沒有什麼時間去觀光。

當時，街上的電影院正在上映披頭四的電影《黃色潛水艇》首映會，電影院周圍人山人海。我還記得當時看見這樣的光景時，曾經在心裡暗想：「這裡隨處可以看到美國的景象，真是方便。」自動販賣機、葡萄柚、乳酪蛋糕等，我都是在美國才第一次看到。

我選了雅各．馬爾薩克（Jacob Marschak）教授的課，而且，還有幸地獲得在課堂之外，接受他單獨指導的機會。馬爾薩克教授是十月革命以前出生於俄國的猶太人，是計量經濟學和數理經濟學領域的先驅。我後來有幸與同為猶太人的社會學家丹尼爾．貝爾（Daniel Bell）教授聊天，得知馬爾薩克教授曾於十月革命之後，在喬治亞民主共和國的孟什維克政權中擔任副總理，為此吃了一驚。馬爾薩克教授曾經多次提及十月革命，我卻從不知道他曾經當過副總理。

經過一年的苦讀，我獲得了經濟學碩士學位，還得到同學會最優秀學生獎。頒獎典禮要求穿禮服（燕尾服）、打領結，會場位於離大學很遠的飯店。我不得不穿著借來的行頭搭公車前往，一路上被乘客們投以好奇的眼光。

個體經濟學的傑克．赫舒拉發（Jack Hirshleifer）教授強烈建議我繼續攻讀博士學位。不用說，馬爾薩克教授也是相同意見。我解釋說，政府機關的公派留學生無權擅自決定，我會爭取一年後再來美國，不過那時希望能進入東岸的大學。馬爾薩克教授看上去有些難過，但還是同意暑假期間在研究室指導我，並答應幫我寫推薦信（大學的期末考試安排在六月份，不過我可以在九月份回日本之前繼續留在學校）。

暑假期間，任副領事的朋友駕車帶我出遊，目的地是位於舊金山以南約兩小時車程的休閒度假勝地卡梅爾海灘（Carmel-by-the-Sea）。那是一個由藝術家們建造，如夢幻般優美的小鎮，當時幾乎見不到日本遊客的身影。

在那之前不久，比我晚一年進入大藏省，後來成為公平交易委員會委員長的竹島一彥，結束了在東部巴爾的摩約翰霍普金斯大學的留學，回國途中到洛杉磯與我們會面。

我們三人駕車出遊，由我開車。途中我打算替汽車加油，可是由於平日學的都是經濟學方面的術語，再加上平時也沒有車可以開，我竟然不知道「加油」的英語應該怎麼說。我理所當然地把日語的「加滿油箱」直譯為「full tank」，引得他們兩人大笑，因為正確的說法應該是「fill up」。

鄰近洛杉磯的聖塔莫尼卡市有一家著名的智庫機構蘭德公司（RAND），他們主要採用數理方法對軍事和經濟問題進行系統分析。甘迺迪政權的國防部長羅伯特·麥克納馬拉（Robert McNamara）曾經引進這種方法來制定新的預算編列方式，並大獲好評。當時我也對蘭德智庫很感興趣。我在蘭德聽了研究者們的說明，回日本後寫了《智庫》（東洋經濟新報社出版）一書。很久之後，有幸在某個大型會議上見到麥克納馬拉，我終於有機會直接向他表達我的敬意。

回日本工作一年後前往耶魯求學

一九六九年九月，我返回日本，之後在建設省工作了一年。我所在的部門負責編寫建設省每年發行的《建設白皮書》。當時，環境問題已經在美國引起廣泛注意，因此我也提出來討論，應該是日本首次在政府發行的刊物中關注城市環境問題。之後，日本對城市環境問題的關心度迅速高漲起來（一九六七年公布的《公害基本對策法》，主要是為了解決水俣病和四日市哮喘等問題。國會首次正式討論水污染及空氣污染等城市公害問題是在一九七〇年十一月的「公害國會」）。

此外，我還申請了設立系統分析調查室的預算，雖然沒有獲得批准，但第二年，各政府部門裡的「系統分析調查室」如雨後春筍般紛紛誕生。

回國工作了一年之後，我前往位於東岸紐黑文的耶魯大學深造。這一次我有了馬爾薩克教授的推薦信，憑它可以一次就通過世界任何大學的甄選。此次赴美，我帶了剛滿三個月的長子。我們乘坐剛投入飛航服務的波音七四七客機，從舊金山飛往紐約。波音七四七機艙的天花板之高給我留下了深刻印象。

到達紐約之後，最使我吃驚的是，與西岸相比，東岸的城市又髒又舊。以至於剛剛抵達，我就開始認真地考慮是否要收拾行囊，拔腿走人。

一九七二年夏天，我獲得了經濟學博士學位。雖然在加州大學洛杉磯分校選修的課程也能計入學分，但僅用兩年時間取得博士學位的計畫實在是有些魯莽。可是既然政府只肯給我這些時間，也就只能拚命苦讀了。

要獲得撰寫論文的資格，必須先通過綜合測驗（Comprehensive Examination），這項考試共有六門課程，一般來說需要兩年的時間才能修完。可是我一共只有兩年時間。所以我在暑假前先考過三門課程，暑假期間繼續苦讀，暑假後再考過剩下的三門課程。然後，從秋天開始著手撰寫論文，緊張程度不亞於表演空中走鋼索。比爾．柯林頓與希拉蕊．柯林頓夫婦也是畢業於耶魯大學，而且與我在這裡學習時期還有重疊。說不定我曾經在校園的某處與他們擦肩而過。當然，我那時並不認識他們。

我的博士論文指導老師是馬爾薩克教授的學生赫伯特．史卡夫（Herbert Scarf）教授。他專攻博弈理論，也是一位天賦異稟的人。有一次我向他報告論文的寫作進度，把一個公式寫在黑板上之後又擦掉了，後來需要再用到它時，卻無論如何都想不起來。看到我的窘態，史卡夫教授起身隨筆就把那個長長的公式在黑板上默寫了出來。

越南戰爭與嬉皮時代

我赴美留學期間正值冷戰時期，美國的大學校園裡隨處可見核彈避難所。高速公路的服務站裡也有寫著「如果突然看到強光，請務必立即就地掩蔽」的告示。

這一時期也是美國深陷越戰泥沼的時代。徵兵對象擴大到了大學生，之後又擴大到了研究生。學生們都憂心忡忡，不知何時自己會被徵召入伍（外國留學生也是徵兵對象）。

但是，放眼校園之外，卻絲毫看不出這是一個正在進行戰爭的國家。當時美國正在籌備人類登月的阿波羅計畫。

一九六九年七月，阿波羅十一號成功在月球登陸時，我卻即將要結束第一次的留學生涯。當天我受邀參加了馬爾薩克教授舉辦的家庭晚餐聚會，與其他參加者一起在電視機前見證了人類登陸月球的時刻。

我看見從太空船裡走出來的指揮官阿姆斯壯，說了一句話。因為沒聽清楚就問了問旁邊的人，於是他告訴了我這句世紀名言：「這是我的一小步，卻是人類的一大步。」

六〇年代末到七〇年代初，也是嬉皮的時代。嬉皮[21]是在美國西岸誕生，後來傳播到世界各地的年輕人文化。披頭四樂團以及海灘男孩均受到它的影響。當時的美國學生當然也全都沉醉在嬉皮文化當中。我也曾經留著鬍子，光腳走在大街上。當然這也是因為校園以及附近的道路，全都清掃得非常乾淨才能辦到。

只是光腳走路，就能使人們產生強烈的連帶意識。一次我光著腳走路，對面也走來一個光腳的女孩。如果是平時，兩人可能只是擦肩而過，而那時我們卻把彼此當成夥伴，自然而然地打起招呼。

嬉皮運動與學生們擔心被徵兵的危機感有密切關係。這在搖滾音樂劇《毛髮》（Hair）中有充分表現。

當時的美國總統是尼克森。他於一九六九年當選，又於一九七二年連任。在第二次競選中，他擊敗了競爭對手民主黨的麥戈文，大獲全勝。

那時候深受嬉皮文化影響的年輕人雖然比較傾向於支持民主黨，但對激進派的麥戈文卻很不滿意，於是發起了「選甘道夫當總統」的運動。甘道夫是英國作家托爾金的奇幻史詩小說《魔戒》中的巫師。《魔戒》是六〇年代美國的暢銷小說，當時《魔戒》在書店裡堆成小山，它的暢銷也反映了當時年輕人想要逃避現實的願望。

我在美國的期間，從一開始就決定留學結束後返回日本。所以，也可以說我是透過了一層濾鏡來觀察美國社會的。

當時日本在富裕程度上與美國有著天壤之別。有一次，我在紐約的甘迺迪機場偶然看見停降在那裡的日本航空公司的飛機，不禁感慨：「日本的飛機也終於可以飛到這裡了。」

為何日本與美國會有如此巨大的差別，我那時很難理解。日本人都很拚命地努力工作，能力也不輸給美國人，可是為什麼會落後美國那麼多？

在加州越過國境進入墨西哥時，我也曾經出現過同樣的疑惑。經由聖地牙哥進入墨西哥境內，立刻就會看到城市和居民都極為貧窮的景象。兩國近在咫尺，經濟程度卻差距千里。

一個國家的富裕程度到底由什麼決定？這問題至今我仍然沒有找到明確的答案。

21 嬉皮（hippie, hippy）主要指西方國家在六〇年代和七〇年代反抗習俗和當時政治的年輕人。嬉皮用公社式的、流浪的生活方式來表達他們對民族主義和越南戰爭的反對。在穿著打扮上，他們喜好留長髮、大鬍子，以及色彩鮮豔的衣著或是獨樹一幟的服飾。

遙遠的日本

當時日本與美國之間的資訊交流很不暢通，在美國幾乎無法獲得日本的消息。雖然我也有請人把日本的報紙寄到美國，但船運是每次送來一大批，所以報紙的順序總是前後顛倒。有時還沒弄清事情的來龍去脈，就突然看到重大事件的報導，讓人不明就裡。

有一次我在電視的新聞節目中看到，日本警察對東京大學的安田禮堂噴射高壓水槍，大吃一驚。原來這是全共鬥[22]的學生們佔領了安田禮堂，警視廳前來驅趕學生的場面。其實這時已經到了動亂的最後階段，可是由於美國完全沒有報導過之前的經過，害得我一頭霧水，摸不清事情的來由。

一九七一年發生尼克森震撼，引發日本股價暴跌，美國的報紙刊登了東京證券交易所的照片。我還記得當時是夏天，我看見照片裡的交易員們全都穿著同樣款式的白襯衫，曾經對「大家都穿一樣衣服」的情況深感不解。

一九七〇年左右的日本，發生了許多事件。例如三島由紀夫為了號召日本自衛隊兵變而剖腹自殺的事件，淺間山莊事件（聯合赤軍挾持人質躲在輕井澤的招待所淺間山莊的事件）等。不過當時日本社會對於這些事件有何評價與看法，我幾乎都不知道。

雖然可以用電話聯絡，但國際電話費十分昂貴，我幾乎想都不敢想。妻子因為生孩子返回日本，我也是透過電報才得知長女出生的消息。現在我還記得電報的內容，「A girl born，both fine。」（生下女孩，母女平安）與現在便捷的電子郵件相比，那時的資訊交流環境簡直令人難以想像。

22 全共鬥，全名為全學共鬥會議，是一九六八年至一九六九年間領導日本學生運動的各大學所成立的聯合組織。

第3章

企業大家庭戰勝了石油危機

1971

1979

1

尼克森震撼與轉向浮動匯率制

日本和德國經濟實力增強

七〇年代初期，國際金融體系出現了重大變化。一九七一年發生尼克森震撼之後，各國開始由固定匯率制轉為實行浮動匯率制。

二戰以後的國際金融體系採用固定匯率制。即以美元為核心，各國貨幣按照固定匯率與美元進行兌換。美元與黃金掛鉤，法定兌換率為一盎司黃金兌換三十五美元，各國貨幣與美元的匯率變動幅度不得超過一％。為了維持匯率穩定，還成立了ＩＭＦ，向各國提供干預匯率時所需要的資金。

這個金融體系是一九四四年七月，由四十四個聯合國的成員國，在美國新罕布夏州召開的布列頓森林會議時決定的，因此又被稱為布列頓森林體系（Bretton Woods system）。日本於一九五二年加入ＩＭＦ，成為布列頓森林體系的成員。當時規定的美元兌日圓的匯率為一美元兌換三百六十日圓。

然而隨著時代的發展，布列頓森林體系開始呈現出諸多問題。美國在冷戰中增強了軍事實力，六〇年代又由於越戰的龐大軍費支出導致財政惡化。此外，美國與日本及德國之間的經濟發展形勢出現了顯著差距，國際收支陷入赤字。從一九五〇到七〇年代期間，美元大量流向海外。二戰結束時，美國的黃金儲備量曾在世界占有絕對優勢，但在這二十年期間卻大幅減少。因此導致美元發行量遠遠超出其黃金儲備，美國無法繼續保證美元與黃金的兌換。

與此同時，從一九四九年到一九五八年，西德的經濟高速成長，甚至被稱為奇蹟。在一九五〇年到一九六〇的十年期間，西德的工業生產成長到三倍左右。同一時期，日本也實現了經濟的高度成長，在經濟規模上僅次於西德，獲得了世界第三的地位。

由於美國的國際收支持續出現赤字，美元開始難以維持與日圓、德國馬克之間的固定匯率。進口國向出口國支付貨款，出口國則將收到的貨款兌換為本國貨幣。因此在外匯市場上，大家會不斷購買貿易順差國家（準確地說，是包含服務收支及所得收支在內的經常收支出現盈餘的國家）的貨幣，而大量賣出貿易赤字國的貨幣。

在固定匯率制下，為了減少來自市場的影響，中央銀行會對外匯市場進行干預。用拋出購買需求多的貨幣，買進被大量售出的貨幣的方式來維持匯率穩定。但是這種操作也有限度。

一九五一年以後，西德的國際收支一直保持盈餘，外匯市場拋售美元購買馬克的壓力愈來愈大，美德兩國都漸漸無力繼續干預匯率。

一九六一年三月，兩國修改了之前一美元兌換四馬克的固定匯率，將德國馬克升值五%。然而之後，日本和西德仍然繼續處於貿易盈餘狀態，美國的赤字也毫無改善。

因此，市場預測日圓和德國馬克將會再次升值。受到這種想法影響，從一九六九年開始，投機資金紛紛購入日圓和馬克。

一九七〇年秋天，德國馬克對美元升值九%以上。另一方面，英國卻在慢性經濟蕭條的「英國病」（British Disease）中苦苦掙扎。因為國際收支持續出現赤字，一九六七年英鎊對美元貶值十四%。可見，美英兩大戰勝國的經濟地位不斷降低，而戰敗國日本和西德的經濟地位卻不斷上升。這也意味著，與英美的盎格魯撒克遜模式（Anglo Saxon model）相比，日本和德國的萊茵模式（Rhineland Capitalism）獲得了優勢。

在如何因應市場的問題上，英國、美國與日本、德國的經濟體制具有明顯的差異。盎格魯撒克遜模式屬於自由主義經濟，主張最大程度地尊重市場的調節作用，將政府的干預限定在最小範圍。

與此相對，日本和西德的經濟體制雖然以市場原理為基礎，卻不完全依賴市場。日本和德國會要求大企業承擔公共責任，也會強調企業內部的勞資合作，贊同政府對市場加以嚴格限制，是具有管制傾向的經濟。我認為就是兩種經濟體制的差異，才會造成英美經濟的衰落和日德經濟的崛起。

如同本書第二章第三節提到的，由於當時已開發國家的經濟都以重工業為主，由大企業主導的垂直整合型[23]生產管理方式的效率更高。對這種生產方式來說，與完

23 垂直整合型生產方式是指，從生產、銷售到售後服務的全部過程，都由公司內部獨自完成的生產方式。

全依賴市場的英美模式相比，日本和德國所採用的市場和管制相輔相成的混合型經濟體制，更有利於讓經濟發揮活力。所以日本和德國因此成為貿易盈餘國家，而擁有關鍵貨幣的美國卻淪為貿易赤字國。

馬克對美元匯率實施兩次升值之後，美國還是沒能擺脫赤字狀態，黃金儲備也由於資本外流而不斷減少。美國終於再也無力保證可以用美元來兌換黃金了。

爆發尼克森震撼

在這種情勢下，一九七一年八月十五日，美國總統尼克森宣布停止美元與黃金的兌換。這項決定極為突然，事前甚至連美國議會也不知情，因此對包括日本在內的全世界帶來相當大的衝擊，這就是「尼克森震撼」。

實際上，在這項決定公布之前，美元與黃金的兌換早已處於停止狀態。所以，尼克森震撼本身並未對經濟活動帶來直接影響。但尼克森震撼之後，美元與其他貨幣的匯率變化，特別是日圓與馬克的升值，對經濟領域帶來了極大影響。

美元停止兌換黃金，宣告了布列頓森林體系這個二戰後的國際金融體系正式畫下句點，在這個意義上它非常重要。這也象徵了由美國在強大的軍事實力之下，維持固定匯率，推動自由貿易的體系瓦解。從這一點來看，尼克森震撼確實是一件重大的事件。

既然以美元為中心，以固定匯率制為特徵的國際貨幣體系無法再維持下去，那麼，接下來的問題就是，應該建立怎樣的新體系來替代它。具體來說，就是應該如何調整，德國馬克和日圓強過美元和英鎊的這個現實問題。

轉向浮動匯率制

尼克森震撼之後，國際貨幣體系開始由固定匯率制轉向浮動匯率制。但是這個轉換並非一帆風順，過程也頗為複雜。其中還經過了一個被稱為「史密松寧體系」的過渡階段。

一九七一年十二月，在美國首都華盛頓的史密松寧博物館召開了一場國際會議。

會議達成了「史密松寧協定」（Smithsonian Agreement）。

該協定規定，停止美元兌換黃金，但維持美元作為國際基礎貨幣的固定匯率制，各國貨幣兌換美元的匯率波動幅度擴大到上下各二點二五％。

當時美元對其他國家貨幣的價格已經平均貶值了七點八九％。而日圓兌換美元已經升值了約十六點八八％，由原本的一美元兌換三百六十日圓，變為一美元兌換三百零八日圓。德國馬克也升值了十三點五八％，變為一美元兌換三點二二馬克。

但是從這時候開始，日本和德國的經常收支盈餘，以及美國的持續赤字狀態還是沒有出現改變，外匯市場仍然風雨飄搖。

到了一九七二年，投機資金根據德國的經常收支盈餘預測德國馬克將會升值，紛紛爭相購買馬克，導致德意志聯邦銀行無法繼續購買美元以維持固定匯率。

當時我正在耶魯大學留學，我還記得在國際經濟學的課堂上，曾經有人大叫「Mark is floating」（馬克匯率正在變動）。這正是由固定匯率制轉向浮動匯率制的國際金融，展開大轉換的開始。市場資金開始以各國貨幣當局無法控制的趨勢流動。一九七三年二月，日本採用浮動匯率制。三月，歐盟各國也開始採用浮動匯率制。

至此，史密松寧體系徹底瓦解。一九七六年一月，IMF臨時委員會正式承認了浮動匯率制。

如圖3-1所示，布列頓森林體系崩潰以後，日圓對美元的匯率持續攀升。雖然在「史密松寧協定」規定一美元兌換三百零八日圓之後，匯率在短期內維持穩定，但一九七六年正式實行浮動匯率制以後，日圓迅速升值至一美元兌換兩百二十至兩

圖 3-1　1970 年代以後美元對日圓的匯率變化（1 美元兌換日圓）

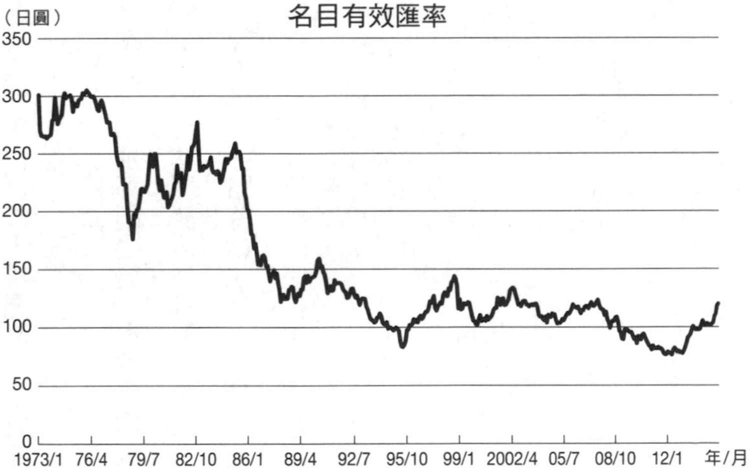

資料來源：日本銀行。

百五十日圓。這個匯率持續了一段時期，進入八〇年代以後，日圓又開始展開新一輪的升值。

也就是說，日圓變得日益強大起來。但是轉向浮動匯率制之後，也讓日本政府和國民深感不安，擔心日圓升值會引起出口減少，使日本經濟遭受打擊。實際上這種擔心並未成真，儘管日圓持續升值，但日本經濟仍然一路持續成長。而且進入八〇年代之後，日本對外貿易盈餘增加，股價上漲，日圓升值反而使日本經濟變得更加強大。

2 爆發石油危機

在日本受到文化衝擊

一九七二年夏天，我結束了第二次留學回到大藏省。這次被分配到證券局業務科，以科長助理的身分負責監督證券公司。業務科長對我說：「日本也終於開始實施時價發行增資了[24]。」

在戰後的日本，透過發行股票籌措資金時，通常按照股票的票面價格發行股票，也就是「票面價格發行增資」方式。但是一九六八年日本樂器公司（即現在的山葉公司）首次獲准進行「時價發行增資」，以後時價發行增資逐漸成為增資的主要方

24 時價發行增資是指，按當時市場價格增發股票，一般會高於票面價格。對優良企業來說，時價發行增資能夠透過增發少量的股份來獲得更多的資金。

式。

在一九四〇年體制下，日本企業只能透過間接金融方式向銀行貸款籌措資金，現在終於又可以與戰爭之前一樣，透過發行股票和公司債券從市場獲得資金，直接金融的大門再次打開。也就是說，日本也開始出現遵循英美式市場機制的金融。所以聽到科長的介紹，我不禁感歎「日本終於也來到這一天了」。

但是，時價發行增資作為企業融資方式也並非一帆風順。八〇年代後期的泡沫經濟時期，股價高漲，時價發行增資也急遽增加。但泡沫經濟破滅之後，股市低迷，實際上也沒有再實行時價發行增資了。

我在證券局業務科時，主要負責野村證券、山一證券、日興證券和大和證券這四大證券公司，以及外國證券公司。

大藏省的英語名「Ministry of Finance」，簡稱ＭＯＦ，因而各金融機構中專門負責與大藏省業務往來的職位被稱為「ＭＯＦ擔當」。雖然當時還沒有「ＭＯＦ擔當」這個詞，不過對各證券公司來說，我就是與他們的「ＭＯＦ擔當」打交道的人。

之所以讓我負責四大證券公司，那是因為這四大公司在經營上沒有太大問題。我想大概是出於「即使是一竅不通的門外漢，也能勝任」的判斷吧。

當時這幾家公司負責與我打交道的人，有野村證券的鈴木政志先生和山一證券的橫田良男先生，他們後來都當上了社長。鈴木先生能言善道、活潑有趣。相比之下，橫田先生則是老成持重，很有大人物的沉穩風範。每當橫田先生坐在我辦公桌前，我總有學生面對校長的感覺。

那時候，山一證券已經償還了來自日銀特融的全部貸款，經營也非常順利。不過二十五年之後，它依然還是沒有逃脫破產的命運。第五章第一節還會介紹這件事，山一證券破產的原因其實在於「營業特金」。所謂營業特金是指，以保證顧客收益為前提，要求顧客將股票交易完全委託給證券公司負責，這種機制成了山一證券的催命符。後來聽說營業特金機制是橫田先生最先開始實行的，很難相信就是我認識的那位橫田先生。即使到了現在，我還是不願相信這個事實。

當時大藏省也會以行政指導為名，對證券公司的經營細節橫加干涉。有些事情我現在想來其實覺得很羞愧。例如讓證券公司提交高層管理者的薪資表，批評人家薪資太高等。我也曾經在護送船團式的行政中扮演過這樣的角色。在證券公司的人看來，應該會想「這個毛頭小子知道什麼」吧。確實，雖然我擁有經濟理論方面的博士學位，可是對證券公司的實際業務還真的是一竅不通。

一些日本公司有「鼓掌慶功」的習慣。也就是在一些重要的工作完成時，由主管起頭，大家一起有節奏地吆喝拍手，慶賀工作圓滿完成。證券公司經常會舉行這種儀式，我卻無論如何都無法適應。

當初從日本去到美國時，我並沒感到絲毫的文化衝擊，可回到日本卻遇到這個問題。不只是與證券公司相關的工作，在生活中也時常會面對文化衝擊。

為此，我從圖書館借來了專業雜誌《美國經濟評論》（*American Economic Review*），在辦公桌上堆起高高的一疊。MOF擔當們肯定會想「從哪兒冒出這麼一個古怪的傢伙」吧。

當時證券局的職員，接受證券公司招待是非常普遍的事，甚至有人「直接從飯店趕來上班」。我一次也沒有接受過他們的招待，大概是《美國經濟評論》之牆的防護罩奏效了吧。

一年之後，我從證券局調到主計局調查科。調走之前，我去美國出了一次差。主要是考察我負責的幾間證券公司（美國稱之為投資銀行）。

我在日本負責的外資證券公司中有第一波士頓投資銀行（當時美國第一的投資銀行，現在的瑞士信貸集團），可能是我跟他們的負責人比較談得來，這家銀行曾邀請我在紐約總公司大樓的最頂樓共進晚宴。這是我唯一一次接受招待。他們將我介紹為「大藏省的美國部長」（Director of American Division, Ministry of Financ），雖然我心裡暗想「大藏省哪有這個單位」，但我也沒有特意解釋。

調任主計局

一九七三年我被調往主計局，當時的主計局次長是長岡實先生，後來他成為大藏次官。

長岡次長認為「日本也需要制定財政計畫」，於是我們便開始以西德的中期財政計畫為藍本，針對日本財政的中期預測進行基礎調查。這是一項非常有意義的工作。

制定中期財政計畫，主要是因為進入七〇年代以後，日本的社會保險制度很快就達到完善的地步。特別是一九七二年七月當選自民黨總裁的田中角榮首相，宣布當年為「福祉元年」，並在一九七三年的預算中導入了老年醫療免費、隨物價變動調整退休金等制度。另一方面，當時日本人口即將走向高齡化的趨勢，也已經顯現出來。這勢必會使社會保險費用在不久的將來急遽增加。但我們對社會保險費的長期預測卻仍是一片空白。

日本的預算奉行「年度主義」，通常只做一年的預測。這一機制缺乏長期的展望。長岡次長認為「這樣的話將來一定會出問題」，對此我也深有同感。我們那時還考慮另一個問題，那就是能否透過制定中期財政計畫，改以數理式的方法控制預算。

前文提到，我在加州大學留學時，曾經對系統分析很感興趣，特意去過蘭德公司。所以我這時思考的是，日本能否也像美國一樣，導入定量的科學預算管理方法來制定政府預算。長岡次長和我分別從不同角度意識到這個問題。

恰逢此時，日本經濟新聞社開始提供一項名為「日本經濟NEEDS」的新服務，用戶可以利用分時系統（time-sharing），在經由電話線連接的個人電腦中，使用日本經濟新聞社提供的大型電腦。分時系統就是將一台大型電腦的使用時間，分成不同的時段給不同用戶使用的系統。雖然這項服務的收費很高，但長岡次長還是毫不遲疑地批准了我的申請。我準備利用它將人工式的預算編制工作，變成機械化的方式。但是，在這之後不久就爆發了石油危機。我們不得不全力以赴對付危機，再也無暇顧及預算編制作業流程的問題，實在非常遺憾。

大多數的人可能都會覺得公務員的工作非常輕鬆，經常流於形式主義。可是主計局卻剛好相反，總是忙得不可開交。例如被局長叫到辦公室說需要某個資料。說完剛回到自己的辦公室，局長就已經打來電話追問：「資料做好了嗎？」或者，晚上十點接到指示，說需要製作一份資料，有時還會被叮囑「這個不急，今天之內做完就行」。

提到主計局的局級會議，一般人想像的情景可能是：「大藏省注重形式，所以大概是局長端坐中央，次長、科長等幾十人圍坐一圈，相當大陣仗的會議。」但實際上，往往是主管次長和負責預算的主查一共兩三個人開會而已。總之非常忙碌，以效率為第一，並沒時間拘泥於形式。這一點，也和我在一開始進大藏省的理財局工作時一模一樣。制定財政投融資計畫的工作與預算的編制工作其實是相同的。

石油危機造成日本大亂

正當我們摩拳擦掌準備在中期財政計畫，以及預算編制工作流程化中大展身手時，石油危機卻將我們的計畫全盤打亂。

造成石油危機的直接原因，是一九七三年十月爆發的第四次中東戰爭。阿拉伯產油國將原油作為戰爭手段，宣布對支持以色列的各國實施石油禁運，並提高原油價格。

十月十六日，戰爭開始十天後，石油輸出國組織（OPEC）成員國沙烏地阿拉伯、科威特等波斯灣沿岸六國宣布，將原油價格從原來的每桶三點零一美元上調至五點一二美元，漲幅高達七十%。

接下來，阿拉伯石油輸出國組織（OAPEC）成員國宣布，在以色列從佔領區撤兵之前，禁止向美國在內的以色列支持國出口石油。同年十二月，阿拉伯產油國再次將原油價格上調至每桶十一點六五美元。

原油價格暴漲使全世界陷入一片混亂。為了節約用電，政府大樓減少照明，變得灰暗朦朧，電梯也停止使用。雜誌減少頁數，電視臺也主動取消深夜播放的娛樂節目。當時的狀況與二〇一一年東日本大地震後的節約用

圖 3-2　石油價格的變化趨勢

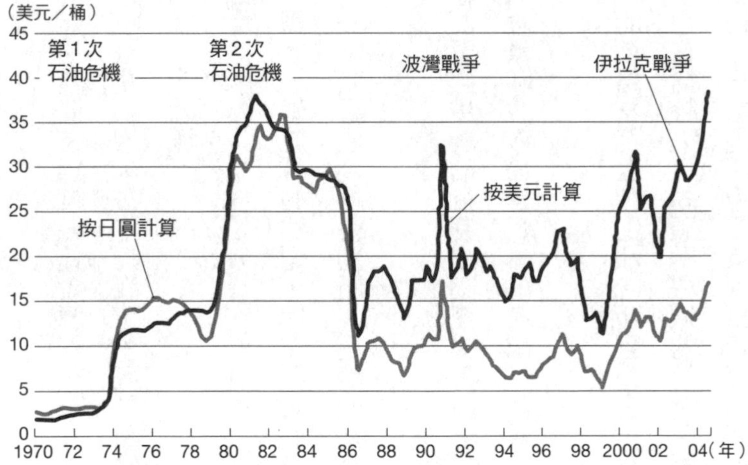

資料來源：「日本經濟 2004：持續成長的可能和風險」，2004 年 12 月，內閣府政策統括官室（財經分析負責人）。

電頻為相似，不過時間持續得更長。

整個日本的氣氛也驟然改變，以前的樂觀主義消失無蹤，社會籠罩在鼓吹世界末日的悲觀論調裡。一九七三年的暢銷書是小松左京的《日本沉沒》和五島勉的《大預言》。許多人切身感受到「日本即將沉沒」的恐慌。

石油危機之前，在日本經濟持續高速發展的好日子裡，曾經流行過「去他的GNP」這個說法。這個詞來自《朝日新聞》一個連載的標題，旨在反思經濟大國的一些失衡現象面。七〇年代初，日本的公害問題成為社會問題，經濟成長至上主義受到批判，社會對大企業也日趨嚴厲。

然而，隨著石油危機的到來，人們對經濟至上主義的批判立刻消失無蹤。日本人的觀念急遽出現轉折，人們轉而認為只有經濟和生產才是日本的命脈。如果經濟下滑，日本也會隨之沉沒。

原油價格漲到之前的四倍，汽油、煤油的價格當然也會上漲。而且電力、食品等各種產品或服務的價格也直線飆漲，其中也包括趁火打劫順勢漲價的情況。圖3-3顯示了當時的物價上漲情形。衛生紙、洗衣粉等日常生活用品被囤積起來，變得一物難求。人們開始批評綜合商社囤積貨品、哄抬物價。

一九七四年，日本消費者物價指數比前年上漲高達二十三%，當時的大藏大臣福田赳夫將之形容為「狂亂物價」。

向總需求抑制政策的急轉彎

一九七四年的年度預算根據當時首相田中角榮的一貫主張制定，以「福祉元年」「日本列島改造論」「所得稅大

圖 3-3　1970 年代消費者物價指數變化

註：本圖資料為扣除自有房屋的設算租金之外的全國綜合物價指數

資料來源：總理府，消費者物價指數。

減稅」為基礎，編列了巨額的社會保險費用和公共事業費用，再加上降低所得稅稅率，因此最初制定的是極為大膽的擴張型財政計畫。

日本列島改造論是田中角榮地方開發政策的基本觀點。一九七二年六月，正在備戰自民黨總裁選舉的田中角榮，出版了《日本列島改造論》一書，書中提出「用高速公路及新幹線鐵路等高速交通網路，將日本全國連接起來，推動地方工業化發展，同時解決大城市人口過密與鄉村人口過疏的問題」。

然而，一九七二年七月田中在自民黨總裁選舉中獲勝，當選首相之後，當時他提到的開發預定地等區域，立刻掀起土地購買熱潮，地價出現急遽上漲的情況。物價也受到影響，產生了年上漲率超過十％的通貨膨脹。

因此，日本央行在一九七三年四月宣布提高基準利率。基準利率是日本銀行向民間銀行提供貸款時的利率。現在民間銀行的存貸款利率都由市場決定，但當時法律規定民間銀行的利率必須與基準利率連動。因此，日本銀行可以透過操縱基準利率來影響市場。提高基準利率是對付通貨膨脹的有力政策。

來到十月之後，石油危機導致的原油價格暴漲，使通貨膨脹變得更加嚴重。為了解決這個問題，首先透過提高基準利率來實施緊縮金融。一九七三年期間，基準利率連續上調了五次，於十二月二十二日達到九%這個前所未有的最高水準（請參考3-4）。

財政政策方面也出現了一百八十度的大轉彎。一九七三年十一月，大藏大臣愛知揆一突然去世，田中首相起用了在自民黨總裁選舉中的對手，福田赳夫擔任大藏大臣。福田大藏大臣提出透過緊縮財政來抑制通貨膨脹，於是一九七四年年

圖 3-4　1970 年代的金融政策（基準貼現率及基準貸款利率）

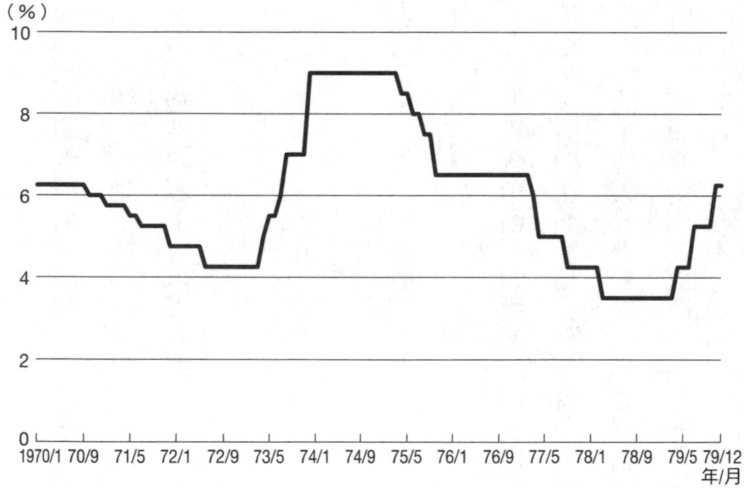

資料來源：日本銀行。

度預算急轉彎，走上了抑制總需求的路線。

公共事業的相關費用被大幅壓縮，日本列島改造論也被束之高閣。不過在社會保險的預算方面，由於剛剛擴大了以退休金制度為核心的制度體系，所以無法縮減社會保險的預算。降低所得稅政策也在田中首相的強烈要求下，未被取消。

每月加班三百小時

如前所述，我原本負責推動中期財政計畫的制定工作，但由於發生石油危機，必須在國會上答辯，因此為了答辯的準備工作忙得焦頭爛額。

對於國會答辯，可能很多人並不太了解。在國會質詢環節，大臣們的發言內容一般是以相關部門的官員事先準備的草稿為基礎的。例如在國會預算委員會上，如果有在野黨議員提出問題，要求大臣回答，文書科的工作人員就會提前到該議員的辦公室，了解他準備提問的問題。然後將了解到的資訊轉到相關部門，由相關負責人撰寫草稿。到了質詢當天，大臣就會根據草稿的內容進行答辯。

大藏省並不是只要準備大藏大臣的答辯草稿就可以。因為主計局的預算草案編列工作，與所有的政府部門息息相關。所以大藏省還得事先檢查其他部門準備的答辯草稿，發現有不利於大藏省的內容，就要提醒對方調整或修改。檢查所有部門的答辯草稿，當然需要花費大量的時間和精力。

負責提前打探的人只有到了晚上以後，才能從有關議員那裡獲悉他將在國會提問的內容。接下來，還要再把提問內容分派到有關部門，再由相關人員準備答辯草稿。這種工作不僅浪費時間，而且也愚蠢得要命。

例如有議員提問：「對當前的物價上漲，應該採取何種對策？」對這樣的問題，應該怎麼回答。我已經不記得當時是怎麼寫的，但無論如何總要寫些什麼。撰寫答辯草稿的人自己都覺得「就憑這些措施，怎麼可能抑制通貨膨脹。」可見這種工作是多麼沒有意義。而當時我卻不得不為此通宵達旦地工作。

我的工作不只是準備答辯的草稿而已。當大臣在國會的委員會上答辯時，如果被追問到相關資料，就會回頭看主計局局長。主計局局長會繼續回頭看我，而我回頭只能看到牆。所以一起到委員會參加答辯的我，必須作好萬全準備，以便無論遇到什麼問題，都要一開口就說出答案。我為這項工作花費了很多時間。

那時候我幾乎無法回家。一個月的加班時間（正常上班時間以外，額外加班的工作時間）竟然超過三百小時。

當時孩子還小，我連看看他們都不容易。因為只有偶爾才會回家，好像孩子們都把我當作外人，以為「家裡有時候會有陌生人來」。我走出家門時，還曾受到他們邀請：「歡迎下次再來玩喔。」

再次從縱向社會往橫向移動走進大學

一九七四年，我被借調到文部省，在埼玉大學任副教授（當時我並未從大藏省辭職，只是被派到國立大學。如果再有一紙調派令，我還是需要再回到大藏省）。

我並不是厭倦了在政府部門工作。只是這份工作占用太多時間了，我還有許多想做的事，所以希望能有時間去做自己想做的事。

長岡實主計局次長之前就認為「大藏省可以考慮與大學進行人事交流」。所以他不僅理解我「想去大學」的想法，還鼓勵我說：「這是件好事，你去吧。」

不過他又建議我說：「不要馬上離開，在這裡再做一年，以主管的身分體驗一下審查預算的工作怎麼樣？做主管可以開闊視野，肯定會對以後的工作有幫助。」

我以沒有時間為由婉拒了他的建議，所幸他很有氣度地表示理解。

曾經負責把我錄用到大藏省的高木文雄先生，這時擔任主稅局局長。他也對我的想法表示理解，他說「我沒有意見，你去吧」。對此我一直心懷感激。對做出錄用決定的負責人來說，自己選來的人為所欲為，可能會導致自己在大藏省遭到指責。一般公司或者政府機關的人事負責人，一定會為了避免自己遇到責難而說：「不行，那怎麼可以。」但是高木局長卻不是這種心胸狹窄的人。我深感自己遇到了體貼下屬的好長官。

就這樣，在日本這樣一個講究階級的縱向社會裡，我又做了一次橫向移動。上一次是從大學工學院進到領域截然不同的大藏省，這一次又從政府部門換到了大學。

就像當年我曾經找不到合適的老師替我寫留學推薦信一樣，從縱向社會往橫向移動，總會碰到各種麻煩，但同時，也會帶來好處。對我來說，橫向移動的最大好處就是，擺脫了縱向社會裡各種陳規的束縛，沒有上下主從關係的約束。對學者來說，「一日為師，終身為父」，必須一輩子遵從師命。雖然也有很多好老師，但萬一碰到不好的老師，一輩子就可能都要受他擺布。我橫向移動到學術領域，就無須擔心類似「師父」的人了。

此外，在主計局那種累死人的工作環境中，我居然還能忙裡偷閒地抽出時間，以在耶魯大學完成的博士論文為基礎，寫了《資訊經濟理論》一書（我現在都無法想像，當時是怎樣找到時間來完成寫作的）。與之前兩本書一樣，這本書也是由東洋經濟新報社出版，而且還幸運地獲得一九七四年日經經濟圖書文化獎。不過遺憾的是，周圍沒有一個人能夠理解這個獎的意義，也沒有人對我道賀。這也算是從縱向社會往橫向移動的悲哀。不過這也沒什麼好難過的。

大型組織的資訊特權

調到大學最先遇到的難題是，不再擁有處理資訊的特權了。在主計局時可以隨意使用的NEEDS分時系統，到了大學就不能再用了。大學裡也有電腦中心，但輸入計算後需要等待很長的時間才有結果出現，而且計算結果還是用大量的紙張列印出來的。小山般的計算結果堆滿我的研究室，真是非常傷腦筋。以前用NEEDS可以輕易獲得的經濟資料，現在卻必須要一項一項地查閱《統計月報》。當時堆在我研究室的書，有一半都是《統計月報》之類的資料。

一九七四年，美國惠普公司推出了世界第一台可儲存程式的計算機HP65。它與以前的計算機的不同之處在於，能夠存儲計算程式。只要輸入資料就能自動地依照程式計算結果出來（這類計算機稱為「內儲程式型」或「馮紐曼型」計算機）。之前只有大型計算機才具有這種功能，但體積那麼小的HP65，卻能擁有那種大型計算機的功能，可以說是一個劃時代的進步。「可以使用自己專屬的電腦了」，我對此大為興奮。因為能馬上知道計算結果，就可以輕鬆地模擬分析政策的效果。我甚至還曾經反向思考過：「要配合HP65來設定研究的課題。」

在六〇年代之前的大型電腦時代，能夠具有多大的資訊處理能力，是根據所屬的組織來決定。身處類似大藏省一樣的強大組織，就可以使用最先進的資訊處理系統。可是一旦脫離那個組織，就沒有機會使用了（雖然耶魯大學的史卡夫教授也曾在研究室使用分時系統進行運算，但是那只是例外）。

雖然所幸大學裡有電腦中心，但各大學的電腦中心配備，好壞差很多，而且也不能隨心所欲地使用。

資訊處理能力完全由所屬的機構決定，大機構的資訊處理能力強，而小機構和個人的資訊處理能力就很單薄。我在縱向社會裡進行了橫向移動，才得以認識到這個嚴峻的事實。但是HP65的出現打破了這種狀況，我就是因為這個原因而感到興奮。

個人電腦的登場以及網路的普及，進一步加速了這種改變。日本經濟制度的根本問題就是沒有順應這個巨大變化。關於這一點，第六章第三節還會介紹。

石油危機後的世界

調到大學工作後，我去國外的機會也多了起來，七〇年代，世界經濟的最大問題就是石油危機。因此，我曾數次前往中東產油國進行調查。

記得有一次隨某個調查團出訪中東時，我從空中俯視下方的沙漠，不禁感歎：「如此荒涼的地方竟埋藏著龐大的原油資源，老天爺真是太不公平了。明明日本人都在那麼辛勤工作。」

我還去了阿拉伯聯合大公國和卡達等波斯灣沿岸的產油國。這些國家因為原油價格上漲而獲得巨額的石油收入，漫無邊際的沙漠正中央突然冒出超現代化的城市。茫茫沙漠中，宮殿般的建築物高低排列，使人恍惚覺得那是海市蜃樓。

石油銀彈席捲世界的同時，英國呈現出與產油國截然相反的景象。即使在倫敦市中心的主要街道旁，也有許多關門歇業的辦公室，隨處可見阿拉伯語的招牌。因為經濟蕭條，商業大樓紛紛轉手，多被石油銀彈買下。

到了地方城市，可以看到大英帝國時代建造的豪華政府大樓，仍舊氣派地聳立在市中心。可是街上行人稀少，只有塵埃飛揚。建築物宏偉得令人驚歎，然而樓前的道路卻堆滿垃圾，真是一副不協調的景象。

這一時期英國經濟處於最差的狀態。經常貿易赤字持續不斷發生，英鎊疲軟，再加上石油危機，英國受到了巨大打擊。

其後不久，我與英國的經濟學家進行合作研究，有一位研究者曾經歎息：「現在整個英國都是大英博物館了。」他的意思是說「英國已經沒有新價值，不過是個匯集了老古董的國家」。對當時的英國來說，這個形容確實是一針見血。

一九七六年四月，我以客座身分擔任經濟企畫廳系統分析室室長。一九六九年在建設省提出預算申請的七年之後，我終於可以實際進行系統分析了。不過系統分析室只是經濟研究所的下屬部門，在實際編列預算時並沒有什麼發言權，只負責進行考證研究。我根據這個時期的工作成果，與別人共同著作的一本書，獲得每日新聞社經濟學家獎。

七〇年代的世界與日本

我調到大學工作的第二年，一九七五年四月，南越首都西貢被北越軍隊攻破，越南戰爭由此畫上句號（這一時期，有一次我在紐約機場乘坐計程車，司機告訴我說，他曾是南越軍隊的指揮官，也不知道是真是假）。那時美國已經退出越南戰爭。但是這場戰爭造成的傷痕，卻在此後很長的時間裡，一直不斷折磨著美國。

一九七六年二月，洛克希德馬丁事件曝光。美國航太製造商洛克希德馬丁為了爭取訂單，在推銷飛機時，曾以巨款向日本政治家行賄。同年七月，前首相田中角榮因該事件被逮捕，從此在表面上退出了政治舞臺。不過田中仍然對日本政壇擁有巨大的影響力，因此被稱為「幕後將軍」。

一九七九年，以伊朗革命為導火線，發生了第二次石油危機。原油價格由一九七八年的每桶十二美元迅速漲到一九八〇年的四十美元左右。與戰後長期維持在每桶兩美元的價格相比，竟然漲了近二十倍。

依靠廉價原油發展起來的已開發國家，因為原油價格的暴漲，在經濟上遭受重大打擊。

從ＯＥＣＤ成員國的實際經濟成長率來看，第一次石油危機前的一九六三年至一九七三年的十一年間，平均的實際經濟成長率為五％，而從第一次石油危機到第二次石油危機的一九七四年至一九七九年的五年期間，實際經濟成長率降低為三點一%。失業率在第一次石油危機前為平均三%，第一次石油危機之後則升至四點九%。消費者物價指數上漲率也從四點五%急遽升至十%。

也就是說，石油危機之後出現了物價不斷上漲，但經濟成長率卻不斷下滑，失業率也不斷升高的現象。

按照之前的經濟學理論，一般認為「在繁榮發展時，經濟成長率高的話，通貨膨脹率也會比較高，失業率則處於較低水準。而失業率高時，通貨膨脹率一般比較低」。這是以「菲力普曲線」（Phillips Curve）的實證分析為基礎的論點。但是石油危機卻瓦解了這個基本常理。這種現象被稱為「停滯性通貨膨脹」，意味著「經濟停滯與通貨膨脹共存的狀態」。

石油危機使已開發國家的經濟形勢紛紛惡化。而產油國卻透過出口原油獲得巨額資金，此後，石油銀彈開始在世界金融市場上發揮重要作用。

3 石油危機與浮動匯率制的意義

價格從固定時代進入變動時代

從固定匯率制轉向浮動匯率制，以及兩次石油危機，在歷史上具有何種意義？

一般來說，實施浮動匯率制被認為是「戰後世界基本經濟體系——布列頓森林制度，以及『美國治世』（Pax Americana）的終結」。

這種觀點自然有其道理。不過我認為，應該以更遠的角度，將這個變化看成是「價格從固定時代走向了變動時代」才比較重要。這裡的價格是指，貨幣對商品以及貨幣對貨幣的兌換比例。

之前對美元這個貨幣的交換比例一直固定的黃金，以及交換比例一直保持穩定的石油等原物料商品，對美元的交換比例出現了大幅變動。接下來，不同貨幣之間的兌換比例，也就是匯率也開始大幅振盪。

在尼克森震撼和第一次石油危機之前，黃金和石油的價格事實上都是固定的。但尼克森震撼改變了美元與黃金的交換比例，接下來經歷了史密松寧協定的終止和石油危機之後，黃金和石油均變為浮動價格。

就外匯交換來說，在固定匯率制時代，各國也曾經由於經濟發展差異導致匯率難以維持，而數次調整一些貨幣的價格。類似的價格調整愈來愈頻繁，最後終於走向了價格可以連續變動的浮動匯率制。以這個角度思考，從固定走向浮動也可以說是時代的必然發展。各國經濟基礎條件不同，匯率自然會上下波動（因此從這個意義上來說，二〇〇二年正式起步的歐元體系也存在類似的根本性問題，也就是將經濟基礎條件相異的國家統一在一起）。

貨幣與商品之間也存在同樣的趨勢。尼克森震撼以前，黃金兌換美元的價格被固定為一盎司黃金兌換三十五美元。但七〇年代後，這個價格便無法繼續維持下去了。美國的經常貿易赤字是導致這一狀況的直接原因，但並不是全部原因。因為世界經濟成長，國際貿易量增加，所需貨幣數量急速增多，而黃金作為貨幣價值的衡量標準，其流通量卻僅有些微增加。這才是導致美元停止兌換黃金，金本位制崩潰的真正原因。

黃金和原油均屬於原物料商品，在這個意義上它們是相同的。由於國際石油巨頭不斷開發油田和增加生產，原油才能保持較低的價格。原油是支撐現代所有產業的基本能源，正因為存在著可以隨心所欲地大量使用廉價石油的經濟環境，才會出現以重工業為核心的經濟成長時期。

然而，石油危機破壞了原油價格的穩定狀態，美元與原油的交換比例也與貨幣間的交換比例一樣，開始受市場影響而上下浮動。

導致石油危機的直接原因是中東的政治紛爭，特別是中東戰爭。但是戰爭不過是使固定價格轉向變動價格的最後一根稻草。其根本原因在於經濟環境的變化，使原來的固定價格無法繼續維持下去，戰爭只是它表面上的導火線而已。

引起石油價格變動的原因是，已開發國家的經濟發展，使市場對原油的需求不斷增加。面對持續發展的世界經濟，人們開始意識到原油的稀缺性問題，於是引起價格變動，而全世界必須接受。之前的原油價格確實是過於低廉了。

在七〇年代前半期的短暫期間裡，美元與石油、黃金以及其他貨幣之間發生了同樣的現象。也就是固定價格制度在事實上走向終結，價格開始受市場影響而上下波動，這個狀態持續至今。

「進入價格變動時代」是一個極為重要的變化。不論是好是壞，市場的作用開始對整個經濟發展形勢產生決定性的影響。繼外匯和原油價格之後，接下來應該轉向變動制的是「利率」。但是正如第四章第三節要介紹的，日本的利率自由化失敗，引發市場失控，因此進入了泡沫經濟時期。與此同時，美國和英國的新自由主義影響力增強，開始傾向最大限度地利用市場的調節作用，走向民營化和減少限制的方向。這正是九〇年代英美經濟充滿活力，而日本經濟陷入停滯的原因。不過這些是第四章要介紹的時期之後才發生的事。

日本式工會戰勝石油危機

一般觀點認為：「對資源匱乏的日本來說，石油危機是一場國難，也是一次考驗。」日本戰勝石油危機的原因一般被歸結為：「開發節能技術，將資源消耗量降到了最低水準。也就是說，這是日本國民的努力和先進技術所帶來的成果。」

不可否認，這觀點是事實，但卻非事實的全部。首先針對「國難」這個觀點來看，日本經濟在石油危機中受到重創，這是事實，但客觀來看，日本經濟所受到的影響並沒有其他已開發國家那麼嚴重。

英國經濟在石油危機之後陷入了長期的停滯狀態。而日本在經歷兩次石油危機之後，在八〇年代中卻仍然呈現出令人矚目的高速發展。事後回顧，可以說日本在因應石油危機這個問題時，交出了一張優異的成績單。與英美兩國相比，這個事實就更為明顯。

日本為何能巧妙地克服石油危機？是什麼因素造成的呢？

第一個因素是匯率。為了克服石油危機之後的通貨膨脹，日圓升值發揮了重要作用。日圓升值相當於降低了進口產品的價格，從而也緩解了原油價格高漲帶來的影響。

克服通貨膨脹的另一個重要因素，是日本的薪資決定機制也發揮出很好的作用。

在歐美國家，薪資根據企業與工會締結的薪資協議來決定，大部分協議中都包括如果物價上漲，薪資也必須隨之上漲的條款。

這項條款原本旨在保障勞動者的生活水準，但增加薪資會造成生產成本上升，導致商品和服務的價格也需要上漲。換言之，發生通貨膨脹時，會產生「通貨膨脹↓提高薪資↓生產成本增加↓物價上漲↓通貨膨脹進一步發展」的惡性循環，使成本推動型通貨膨脹加速發展。

日本在第一次石油危機後的一九七四年，物價上漲率確實非常高，但之後並沒有陷入通貨膨脹不斷加速的地步。這主要受惠於工會主動控制了薪資上漲的範圍。日本的工會是由各企業分別成立的。薪資一般與企業的業績密切相關，大部分企業沒有薪資隨物價上漲的條款。

企業業績不振之際，如果工會以通貨膨脹為由要求加薪，企業就會因生產成本增加而在競爭中處於不利地位，難保不陷入經營危機。如果公司因此倒閉，員工也將失去工作。所以勞工這一方常常具有與公司同舟共濟的觀念，認為：「為了渡過危機，我們也應該忍耐，而不能提出太過分的加薪要求。」

在石油危機中，工會與公司管理階層團結一致，把公司的生存問題放在高於加薪的位置。由此抑制了獅子大開口的加薪要求，沒有使日本陷入成本推動型通貨膨脹的惡性循環之中。

如果像歐美國家一樣，按照不同行業來組建工會，整個行業一起要求加薪的話，增加薪資的要求，並不會對勞動者所屬企業的競爭力帶來直接的影響。所以勞動者們也沒有「加薪會使公司倒閉，自己也就會失業」的想法。其結果就是，歐美的工會以通貨膨脹為由不斷要求提高薪資，這又導致新一輪的通貨膨脹。也就是雖然經濟處於蕭條狀態，薪資卻仍然上漲，通貨膨脹無法止步，於是陷入停滯性通貨膨脹狀態。

英國曾試圖將薪資上漲幅度，控制在生產率上升幅度的範圍之內（稱為「收入政策」），但是並未奏效。反觀日本，無須政府強制，工會自發性地採取了相應措施。這正是日本和英國的差異。日本能夠切斷通貨膨脹的惡性循環，其原因就在於日本的工會是以企業為單位組建的。正如前文所說，這個機制也是在戰時經濟體制中形成的。

一九四〇年體制是「從公司高層到最基層工作人員，所有人為了共同目標而團結奮鬥」的體制。這一體制的價值在石油危機中發揮了極佳的效果。日本也因此在應對危機方面取得了好成績。

五〇年代和六〇年代，在缺乏資源和資金的情況中，一九四〇年體制戰略性地保障資源優先分配給產業部門，幫助日本實現了戰後復興和工業化發展。到了七〇年代，在面臨石油危機這種外部危機時，一九四〇年體制又發揮了重要的作用，使日本得以採取對整個經濟最為有利的對策。

在克服石油危機方面，日本領先了世界，這是由一九四〇年體制帶來的勝利。日本能夠成功克服石油危機，與其說是一般觀點所認為的節能技術所造成，我認為一九四〇年體制才是最大的功臣。

由此可見，繼五〇年代和六〇年代之後，一九四〇年體制在七〇年代又獲得了第三次的成功。日本比其他國家提前克服石油危機，走進了下一章將要介紹的「金光閃閃的八〇年代」。

禮讚日本式體系成為慣例

但是現在回顧歷史的話，我覺得大家對日本式經濟體系的過度誇讚，就是從這一時期開始成為慣例的。

不論是貿易自由化、資本自由化，還是石油價格高漲，日本都依靠舉國一致的體系妥善解決。日本式團結一致的企業結構，也就是「同舟共濟」的一九四〇年體制被當成了無論在什麼情況下都可獲得理想效果的王牌。

從這一時期起，愈來愈多人開始出現這種想法。

也就是說，石油危機不僅使戰時體制得以繼續存續下來，而且也更強化了人們在觀念上，更加認可戰時體制。

八〇年代後半期至九〇年代，世界經濟的基礎條件逐漸改變，而對戰時體制的一味稱頌，導致日本經濟未能及時適應世界經濟大環境的變化。

不僅如此，這個時期形成的「禮讚日本＝禮讚一九四〇年體制」論調，至今仍然殘留在人們心中，阻礙日本的社會結構進行轉換。「一九四〇年體制的枷鎖」，不僅在八〇年代和九〇年代，甚至到現在也仍然阻礙著日本經濟的發展。

第4章

金光閃閃的80年代

1980

|

1989

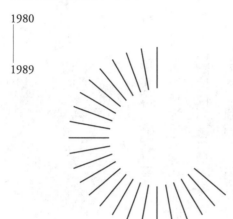

1 日本第一

汽車和半導體超越美國，稱霸世界

八〇年代，是日本經濟地位高速起飛的時代。

最能代表日本經濟地位高度起飛的象徵就是汽車。日本汽車產量在一九八〇年超越美國，成為世界第一（圖4-1）。美日地位逆轉的直接原因是，石油危機導致汽油價格暴漲，人們轉為購買高效省油的小型日本汽車取代耗油量大的美國車。不過，對比五〇年代以後美日兩國的汽車產量，也可以預測到日本早晚會超越美國。

日本的半導體產業也呈現高度發展。在動態隨機存取記憶體（Dynamic Random Access Memory，DRAM）的生產上，日本也成為世界第一（第二百零四頁圖4-2）。七〇年代初，全世界的DRAM原本是由美國獨霸生產，但從七〇年代後期開始，美國的市占率開始下滑，日本的市占率急遽上升。最後，日本超越美國，成為世界最大的DRAM生產國。

一九八二年，日本電氣公司（NEC）開始正式銷售個人電腦PC-9801。這款特別設計的電腦可以使用日語，在日本受到廣泛使用，被稱為「國民機」。

在日本市場上，

圖 4-1　主要生產國之汽車產量長期變化

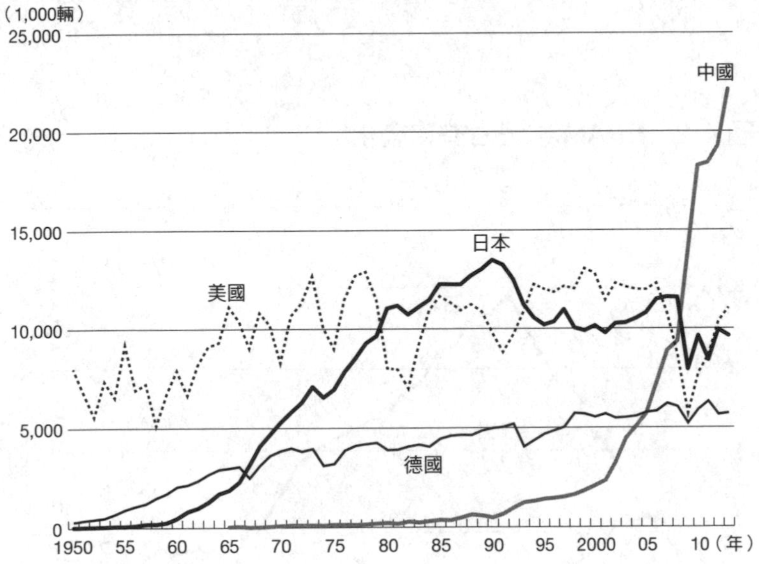

註：德國資料在1990年之前為西德，1991年之後為統一後的德國資料。中國資料始於1965年以後。

資料來源：日本汽車工業協會《主要國家汽車統計》《世界汽車統計年報》。相關資料由日本汽車工業協會及各國汽車工業協會調查取得。

已經成為世界標準的IBM公司並未占有優勢，NEC、富士通等日本國內廠商獨自開發生產的電腦占有更多市場占有率。

一九八四年一月，東京證券交易所的道瓊指數突破一萬日圓。圖4-3是當時的東京證券交易所的股價指數（TOPIX）變化。

石油危機之後，日本經濟的卓越表現受到全世界的注目。這一時期，我也經常會去美國就日本經濟問題發表演說。

圖 4-2　DRAM 市場占有率變化

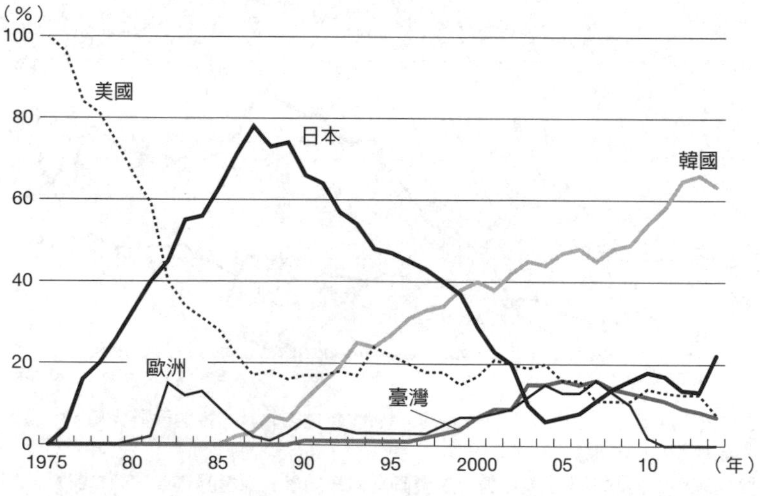

資料來源：Gartner（顧能有限公司，2015 年 3 月）

每次到美國的地方城市介紹日本經濟情況，會場總是座無虛席。演講後的問答時間也總有很多人提問。我能感受到人們對日本的興趣愈來愈大。甚至在講演之後，還有人曾經問我：「我想買日本的股票，應該挑選哪些股票比較好？」

對日本感興趣的人不是只有投資者而已。在已開發國家的年輕人中，認為「今後是日本的時代」，學習日語，希望在日本公司就職的人也愈來愈多。一九七八年我調到一橋大學任教，在我的研究班裡也有來自澳洲，希望「學會日語以便

圖 4-3　股價變化趨勢（TOPIX）

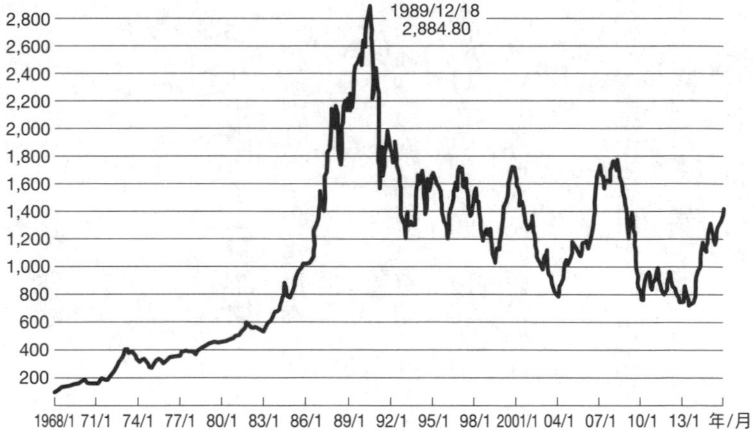

資料來源：東京證券交易所。

從事與日本有關的工作」的學生。

日本式先進管理打造出卓越產品

美國社會學家傅高義（Ezra F. Vogel）於一九七九年出版了《日本第一：對美國的啟示》一書，成為當年的暢銷書。傅高義在這本書中分析了戰後日本經濟高速成長的原因，高度稱讚了日本式管理方式的出色之處。

在八〇年代末出版的同類書籍之中，還有麻省理工學院的研究者們共同著作的《美國製造》（*Made in America*）。正如這本書的日文版副標題「以美國復興為目的的日歐美產業比較」所呈現的，這本書是以「美國的製造業為何會走向衰落」為主題，指出日本廠商的經營和生產效率優於美國企業。

這本書將蘋果公司作為美國矽谷的ＩＴ代表企業，與索尼等日本的電器製造商進行比較。最後提出的結論是，「美國矽谷的企業應該向日本企業學習」。看看現在的蘋果公司和日本的電器製造商，真讓人不禁有種滄海桑田的感覺。

如上所述，這一時期，日本工業不僅產量增加，日本式的企業管理方式也在全世界獲得高度好評。

與日本經濟的起飛相反，美國經濟的衰退十分顯著。八〇年代的美國，不僅在半導體和機電等尖端領域被日本超越，就連曾經獨占世界霸主地位的汽車產業也出現了日本汽車席捲美國市場的窘境。

這一時期，我曾經受邀去美國坎薩斯城，就日本經濟問題發表演講。負責接待我的是美國通用汽車公司的前副總經理。演講結束以後，他用自己的車送我到機場。他開的是凱迪拉克汽車，可是這輛高級汽車卻怎麼也發動不起來。這時候他自嘲說：「如果是日本汽車，就不會出現這種問題吧。」試了幾次後，汽車最終發動起來，之後就一路順暢地將我送到機場。至今我還記得，當時車上播放著莫札特G大調第二十七號小提琴奏鳴曲K379。在疾速行駛的凱迪拉克上欣賞奏鳴曲開頭部分的柔板，總有一點不太協調的感覺。可是他卻形容這首曲子說：「是不是很美？」（Isn't it pretty?）讓我感到有點難以理解。

還有一次我到義大利米蘭的博科尼大學進行密集授課，那裡的教授也曾說起：

「我的飛雅特汽車突然熄火，只好就那樣把它丟在十字路口的正中央……要是日本汽車的話，就不會出現這種情況了。」也就是說，除了價格便宜、燃料費用低以外，日本汽車的優異性能也在全世界得到廣泛認同，所以銷量才會增加。

海外通訊極為不方便

八〇年代，我頻繁地出國參加研討會。當時的聯絡方式多以寫信為主。信件大概需要一個星期的時間才能抵達對方的手裡。與無論多長的內容、多大的圖片都能透過電子郵件瞬間傳給對方的現在相比，那時的傳遞時間真是漫長得讓人難以置信。

雖然緊急情況也可以打電話聯絡，但是電話費很貴，不能長時間使用。住宿的飯店也是透過電話預訂，每次總是擔心對方會不會把日期弄錯。

在工作上，與海外聯絡也並非易事。簡單的問題可以透過電話聯絡，但需要傳送文件或者大量資料時，就很費事。

八〇年代末期之後已經可以利用電腦通訊，國內的聯絡溝通變得方便許多。但是與海外連線雖然並非不可能，但依舊非常困難。

不只是與海外的通訊極為不便。當時我在一橋大學，想打市內電話進行聯絡時，都還必須要透過接線生轉接。因此也無法發送和接收傳真。這樣工作起來實在太不方便了，因此我買了一種名叫肩背式電話的行動電話，這也可以稱為現在手機的始祖。但這種電話很重，一個人幾乎拿不動（主要是安裝在汽車裡使用）。

下一代還能享受到與我們同樣富裕的生活嗎？

美國作家史蒂芬・金寫過一部叫作《末日逼近》（*The Stand*）的作品。這是一部長篇科幻小說，講的是美軍生化兵器研究所正在實驗的病毒外洩，並向全美擴散，使美國社會幾乎崩潰的故事。故事的開端是，德州的小鎮上有兩家工廠，因為受到亞洲進口產品的衝擊，一家工廠被迫倒閉，另一家也已經奄奄一息。在計算機工廠工作的主角因此失業。整部作品籠罩著一種世界末日般令人窒息的沉重氣氛。當時的美國社會也充滿了悲觀的厭世情緒。

當時的美國人大家也感到憂心忡忡，不知道「孩子們是否還能享受到和我們同樣的富裕生活」。

一九七八年五月，成田國際機場正式啟用。我從美國回到日本時，在成田機場乘坐機場巴士返回市區，不禁感歎：「東京這座城市真是乾淨啊！」在東京站的八重洲出口下車，道路上看不到一點垃圾。

而當時美國的大城市，以紐約為首，無論哪裡都處於亂七八糟的狀態。我曾經造訪過通用汽車公司總部的所在地，同時也是美國汽車生產中心的底特律，那裡的市中心就像剛剛經歷過戰爭洗禮，到處都像廢墟一樣。十年前，我最初從日本來到美國時，曾經驚歎美國的富裕景象。而十年之後，我從美國回到日本之後，卻變成我對日本的繁榮感到驚歎的時代。

這一時期日本使人感覺充滿朝氣的原因之一是人口結構。一九八〇年，日本六十五歲以上人口占總人口的比例為九點一%。雖然較之前有所上升，但還不到總人口的十%（二〇一三年這個數字為二十五點一%）。

從國外回到日本，就能感覺到老年人很少。這種感覺在度假區更為明顯。英國的度假區到處都是老人，而日本卻大多是年輕人。雖然日本的度假區因此顯得輕浮躁動，但我認為這樣也有這樣的好處。

留學生群聚形成日本城

八〇年代，從日本去美國留學的人數急遽增加。特別是在商學院裡，日本人成為一大勢力。因為日本企業紛紛派遣員工前往美國學習，費用全部由公司負擔。

想要進入美國的研究所就讀，必須有推薦信，很多學生來找我寫推薦信。每個人都要申請好幾所學校，所以需要寫很多封推薦信。因此寫推薦信成了一份繁重的工作，我記得我還曾為此發過牢騷。那時候，從日本前往美國留學的人實在太多了，與到海外留學人數銳減的現在有天壤之別。

留學生們在國外常常都只與日本人混在一起。他們不嘗試與當地的美國人或者和其他國家的留學生來往，因此讓人覺得討厭。那麼日本人為什麼非要與日本人一起行動呢？這是因為大家認為：「在商學院留學的日本人，回到日本以後，就會成為公司的幹部。現在與他們交朋友，建立起人脈，將來一定會有好處。」他們覺得多與美國人交往，將來也不見得會有幫助，所以不願浪費時間與美國人接觸。人們之所以覺得這個理由有其道理，就在於當時大家都深信：「以後將是日本的時代，而非美國的時代。」

那時候，即使立志成為學者的人，也不會想在美國的大學裡謀求職位。因為日本大學的薪資更高。

我最初在加州大學留學的六〇年代，美國頂級教授的年薪對日本人來說，高得令人難以置信。頂級教授的薪資標準，據說是「年薪三萬美元」，按照當時一美元兌換三百六十日圓的匯率計算，就相當於一千萬日圓以上。這對當時的日本學者來說，簡直是無法想像的高薪（當時我的年薪還不到三十萬日圓）。

然而到了八〇年代，愈來愈多的學者因為覺得「留在美國也賺不到多少錢」，所以返回日本。

如上所述，八〇年代，不只是日本人，甚至全世界都認為：「日本才是未來世界經濟的中心。」因為他們相信「日本式經濟體系」要優於英美式的經濟體系。日本式經濟體系意味著不是以市場為中心的競爭社會，而是以組織為中心的協調社會。其根基就是一九四〇年體制。

鍍金時代

美國著名作家馬克．吐溫寫過一篇名為《鍍金時代》（*Gilded Age*）的小說。從一八七〇年代到一九〇〇年代，美國工業化迅速發展。這一時期美國發現了石油礦藏，橫跨美國大陸的鐵路將東岸和西岸連接起來。鋼鐵等重工業開始發展，大企業也陸續誕生。洛克斐勒、卡內基、范德比等大富豪紛紛湧現。這是壟斷資本形成、貧富差距擴大的時代。馬克．吐溫把這個時代的美國社會命名為「鍍金時代」。鍍金不同於真正的純金，是僅在表面塗上了一層黃金而已。八〇年代的日本也相當於「鍍金時代」。

人們一般認為這個時代是日本經濟稱霸世界的時代。但是作為這個時代的見證人，在我的眼裡，八〇年代日本的經濟飛躍發展只是「鍍金」。這表面的繁華終究會褪色脫落，如同泡沫般轉瞬即逝。

我之所以會有這樣的想法，是出於以下的兩個原因。

第一，在這個時代，美國大學的實力仍然遠比日本的大學更強，至少在經濟學領域是這樣（也許別的研究領域有所不同，例如我的應用物理學系的同學在這個時代就曾說過「日本在全世界的學術界處於領先地位」）。

第二，以前文提到的底特律為例，雖然市中心宛如廢墟，而我住宿的郊外飯店，周圍卻充滿現代化的建築，城市景觀十分美麗。這是因為富裕階層和新建的辦公大樓，都遠離市中心遷到了郊區。這在美國各地雖然程度不同，卻是共同現象。

然而，日本遊客因為交通不便，難以前往郊區，所以他們只看到市中心的蕭條景象，便做出「美國已經不行了」的結論。他們並不了解美國的新發展，正在郊區悄悄萌芽。日本作家司馬遼太郎看見費城街區的景象曾感慨說：「（美國）把失去功能的城市當作廢棄物一樣對待」，這可以說是典型日本人的美國觀（《美國素描》）。

美日貿易摩擦愈演愈烈

日本產業的快速發展，使美日兩國間的貿易摩擦愈演愈烈。

在戰後十年左右的時間裡，日本與美國在經濟實力上有著極大的差距。從五〇年代中期開始，日本進入高速成長時期，與美國的差距也逐漸縮小。一九六五年日本與美國之間的貿易收支發生反轉，美國對日本的貿易交易出現逆差。此後，美國逆差、日本順差的形勢變成常態固定下來。「從日本進口的產品將會擊垮美國企業」的想法在美國擴大，在貿易逆差較多的產品領域中，貿易摩擦漸漸發展成政治問題。

最先出現爭端的是紡織產品。因為一九五五年美國降低了紡織品的關稅，造成日本向美國的出口紡織產品急遽增加。紡織品相關的貿易摩擦一直持續到七〇年代中期，期間的談判過程被統稱為「美日紡織談判」。

接下來，從七〇年代後半期開始，鋼鐵貿易也逐漸發展成政治問題。從圖 2-3（第九十四頁）鋼鐵產量的變化中可以發現，日本鋼鐵產量從六〇年代開始迅速增加，到七〇年代前半期已經突破每年一億噸。而美國鋼鐵產量則始終徘徊在約一億噸的水準。日本採用熱效率更高的連續鑄造法，提高製程效率，日本在六〇年代，鋼鐵的製造成本，已經比美國更低。日本的低成本鋼材大量出口到美國，引發了美日鋼鐵貿易摩擦。

八〇年代，美日貿易摩擦擴大到彩色電視機和錄影機等半導體、電器產品，以及汽車產業。從經濟發展階段來看，落後的國家透過發展紡織等勞動密集型的產業，追趕並超越已開發國家是極為自然的情況。但八〇年代美日兩國貿易摩擦的對象，已經由最初的紡織品，變成半導體及汽車等製造業中的尖端領域。美國汽車產業的「三巨頭」（通用汽車、福特、克萊斯勒）具有強大的政治影響力，所以汽車貿易摩擦成為美日之間的重大問題。

另一方面，日本的金融及資本市場在八〇年代之後仍然對外國保持封閉狀態。日本向國外出口產品，卻不允許外國向日本投資。這種情況遭到海外的猛烈批判。為了躲避批判的矛頭，八〇年代以後，日本逐漸開始推行金融制度的自由化，並將縮小日本貿易順差當作經濟政策的目標。

一九八五年，為了抵抗美國日益強硬的對日壓力，中曾根首相的私人諮詢機構

「國際和諧經濟結構調整研究會」成立。一九八六年四月該機構提交報告，由於是在日本銀行前總裁前川春雄的主持下提出的，這份報告又叫作「前川報告」。在這份報告中指出，為了消除美日貿易摩擦，「必須擴大內需，開放市場，推動金融自由化，糾正經常收支不平衡，提高國民生活水平」。

一九八九年，旨在糾正美日貿易不平衡的「美日結構協定」展開，日本的商品通路結構，乃至商業習慣等都開始受到質疑。

廣場協議導致日圓升值

八〇年代，出現了被稱為「逆石油危機」的情況。

一九八六年年初每桶近三十美元的原油價格，在接下來的半年間驟跌至每桶十美元左右。後來雖然有所恢復，但再也沒有出現暴漲的情況，到一九九九年為止一直維持在每桶二十美元左右。

原油價格下跌為石油進口國帶來了龐大的經濟利益。通貨膨脹受到抑制，促進了經濟成長，並改善了國際的收支狀況。特別是在日本，這樣的效果尤其明顯。如圖3-2（第一百七十五頁）所示，日圓升值使得按照日圓計算的原油價格，在實質上，下降地更多。

一九八五年九月，已開發國家的五國財政部長及中央銀行行長，在紐約的廣場飯店召開國際會議，發表了名為「廣場協議」的聲明。

五國達成協議，聯合干預外匯市場，促使匯率向日圓和德國馬克升值，美元貶值的方向發展。廣場協議的簽訂背景是，日本和西德經濟持續成長，貿易順差不斷增加，所以提倡讓日本和德國扮演火車頭的角色，肩負起引領世界經濟發展的重擔。

二〇一五年是廣場協議簽訂三十周年。在這三十年間，回顧日本經濟地位的潮起潮落，真是讓人不禁有物換星移之感。

廣場協議引發了外匯市場的劇烈振盪。九月二十四日，日本銀行根據廣場協議開始拋售美元，造成美元急遽貶值，市場陷入一片混亂。前一天還是一美元兌換二百三十五日圓的匯率，在一天之內驟降了二十日圓。因此，各企業的總部與分社之間的電話通話量激增，據說甚至造成長途電話癱瘓了兩個小時。

其後，日圓繼續升值，日圓對美元匯率在一年之內上漲六十%。一九八六年七月，匯率達到一美元兌換一百五十日圓。之後，一九八七年又升至一美元兌換一百二十日圓，這一水準一直持續到一九八九年（第一百六十五頁圖 3-1）。八〇年代原本為八%的消費者物價指數年增率，在一九八三年降至兩%，一九八六年則不到一%，甚至是負數。

無法脫離量化寬鬆政策

由於日圓的急遽升值導致出口的成長力道減緩，要求實施量化寬鬆政策（又稱貨幣寬鬆政策）的呼聲愈來愈高。實際上自從一九八〇年八月日本央行降低基準利率以來，日本在這近六年期間一直在實行貨幣量化寬鬆政策。央行基準利率從一九八〇年八月的九%，經過連續五次下調，一九八三年已經降至五%（下頁圖 4-4）。

日本銀行進一步推行量化寬鬆政策，在一九八六年和一九八七年的兩年之內，總計下調了五次基準利率。到了一九八七年二月，央行基準利率降至戰後最低水準的二點五％。因此貨幣供給（Money Supply）的增加率隨之高達兩位數（貨幣供給是貨幣供給量的餘額，又稱為「貨幣存量」）。這與二〇一三年日本「大膽的量化寬鬆」政策帶來的貨幣存量增加率僅為二％至三％相比，簡直是天壤之別。

就這樣，日本具備了原油價格降低、日圓升值和利率下調三個條件，當時被稱為「三重優勢」。

不過，實質GDP成長率

圖 4-4　1980 年代之金融政策變化（基準貼現率及基準貸款利率）

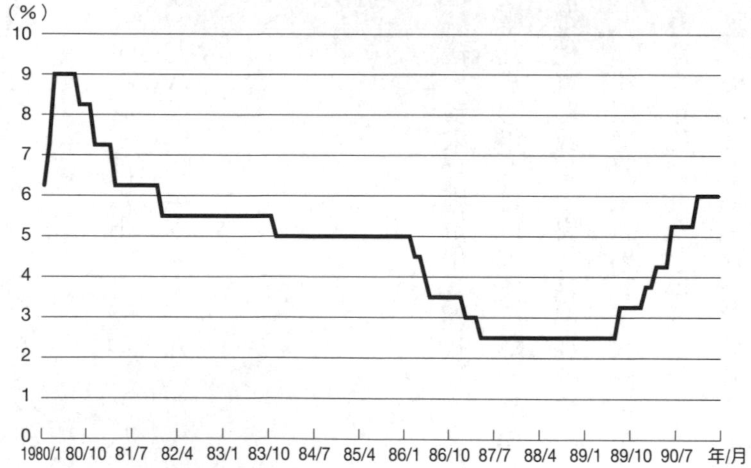

資料來源：日本銀行。

並沒有立即增加，甚至還從一九八五年的六點三％下降到一九八六年的二點八％。因為日圓升值導致了出口減少。但由於消費支出維持穩定上升，一九八七年和一九八八年的GDP成長率又增加起來（第九十一頁圖2-1）。

由於大家認為「各國為了糾正美元價值偏高而採取的國際協調干預，對外匯市場帶來了過度影響」，一九八七年二月，七國已開發國家的財政部長及央行行長，在巴黎羅浮宮舉行了G7高峰會議。在會議中達成了羅浮宮協議，要求各國協調干預外匯市場以阻止美元進一步貶值。然而日圓升值與美元貶值的態勢，並未得到有效的控制。

一九八七年十月十九日，紐約股市暴跌，這一天被稱為「黑色星期一」。當天股價下跌幅度高達二十二點五％，遠遠超過一九二九年「黑色星期四」的十二點八％。紐約股市這次的暴跌引起各國證券交易所的連鎖反應，世界股票市場同時下跌，東京證券交易所的股票價格也大幅下跌十四點九％。

此次股票下跌的原因主要在於，美國貿易赤字不斷擴大，以及市場預測羅浮宮協議阻止美元貶值，將會帶來金融緊縮政策等。

這一時期，日本已經開始出現地價上漲的徵兆。因此在這種情況下，應該將量化寬鬆政策改為升息。但是升息將會加速美元貶值，有可能對美國經濟造成負面影響。由於擔心「日本成為引發世界恐慌的源頭」，日本銀行決定延遲升息。從一九八七年二月至一九八九年五月，基準利率一直維持在二點五％的極低水準。由於日本銀行一直故意忽略這種異常的量化寬鬆狀態，最後終於導致發生了泡沫經濟。

2 自由主義思想再度盛行

日益緊張的冷戰氣氛

八〇年代前半期是冷戰導致東西方關係異常緊張的時代。

一九七九年，蘇聯出兵阿富汗。美國、日本及西德宣布拒絕參加一九八〇年的莫斯科奧運，以示抗議。

我曾在那之前不久搭乘列車在西德旅行。在火車站裡，我看到貨車上裝著坦克。再往前走，又看到坦克在一望無際的田野裡行駛，戰鬥機發出轟隆聲在高空盤旋，原來是剛好碰到軍事演習。

這些景象使我切身體會到「冷戰的現實」。在日本，冷戰不過是一個名詞，沒有給我們帶來任何實際感受。但是在德國，冷戰就是日常生活的一部分。

在柏林，冷戰以清楚可見的形式展現在人們面前。這座城市在第二次世界大戰結束以後，一度被聯合國共同接管，但是隨著美蘇的關係惡化，蘇聯封鎖了西柏林。一九六一年八月，東德沿著美英法三國佔領區域的邊界建起了柏林圍牆，從此隔絕了東德與西德之間的自由往來。

柏林有一座名為「布蘭登堡門」的凱旋門。分隔東德和西德的柏林圍牆就位於它的西側。西柏林設有觀景台，登上台階，可以看到柏林圍牆後的這座凱旋門。凱旋門的旁邊擺放著紀念戰爭勝利的蘇聯坦克，但四周卻空無一人。

外國遊客可以免簽進入東德進行一日遊，我曾經坐電車去過幾次。從東邊看過去，布蘭登堡門的後面是柏林圍牆，柏林圍牆的另一邊就是自由世界。而東德的人們卻被禁閉在這樣的環境裡。

從柏林到波茨坦的漫長旅程

朝聖山學社（Mont Pelerin Society）是一個學術研究團體，以「反對共產主義和計畫經濟，普及自由主義」為宗旨，設立於一九四七年。主張自由主義的米爾頓・傅利曼（Milton Friedman）和奧地利自由主義思想家弗里德里・馮・海耶克（Friedrich Augustvon Hayek）等人都隸屬於這個團體。

我曾於一九八二年在該團體的總會上做過研究報告。總會在柏林召開，大概也有向東邊展示自由主義經濟的繁榮和成果的目的吧。

會議安排了一場去波茨坦郊遊的活動。波茨坦距離柏林三十公里左右，本是普魯士王國的首都，因為第二次世界大戰的波茨坦宣言（要求日本無條件投降）而聞名於世。

因為波茨坦位於東德境內，所以從西柏林出發必須要經過國境。與會者分乘幾輛巴士出發，在國境等了將近兩小時才被放行。後來聽說，因為海耶克和傅利曼也在車上，所以東德大概是故意刁難我們。

德國統一之後，我從柏林坐電車去波茨坦，不到三十分鐘就到達目的地。如此近的距離，在八〇年代前半期，從西柏林出發的旅途卻曾經那麼遙遠。

我也有幾次踏上過蘇聯的領土，雖然只是在機場短暫停留。冷戰時代，蘇聯政府禁止外國航空公司在本國領空航行，因此從日本飛往歐洲的航班，必須先飛到阿拉斯加的安哥拉治（Anchorage）補充燃料，再經由北極飛往歐洲。但是不知從何時起，蘇聯開通了經由莫斯科謝列梅捷沃國際機場飛往歐洲的航班。

這個機場的走廊灰暗而單調，沒有任何裝飾。商店也都狹窄而簡陋，胖大嬸用可怕的表情惡狠狠地盯著顧客。幾名持槍的士兵在走廊上來回巡邏，我不禁覺得：「讓年輕人做這種毫無意義的工作，這樣的國家還有什麼生機可言。」

到了一九八〇年，蘇聯為了迎接莫斯科奧運，決定擴建謝列梅捷沃國際機場，新建了第二航廈。新航廈是現代化的明亮大樓，擴建了免稅商店，西方國家的信用卡也可以在那裡使用了。商場裡開始出現漂亮得令人眼睛為之一亮的俄羅斯美女，她們到底是從哪裡冒出來的呢？

蘇聯陷入癱瘓

在莫斯科奧運之前的那段時間，蘇聯對待西方的態度表面上有所緩和，然而在內部，蘇聯早已處於危機狀態。

國家政權受制於高齡老人。經濟方面，生產率降為負值。也就是說，工廠生產出來的產品的經濟價值，甚至比當初的原物料價值還要低。

按照歷史學者馬丁・馬利亞（Martin E. Malia）的觀點，一九六七年至一九七〇年期間，蘇聯的年平均經濟成長率為五點一％，但一九八一年至一九九〇年這段時期則降到了零。因為蘇聯的經濟成長率通常要減去二％才接近真實水準，所以實際上，八〇年代的蘇聯經濟處於負成長狀態（《蘇維埃的悲劇》〔*The Soviet Tragedy*〕）。

蘇聯內部的混亂日趨明顯，逐漸變得從外部也能一窺端倪。一九八三年九月，大韓航空公司的一架波音七四七客機被蘇聯空軍戰鬥機誤擊墜毀。機上兩百六十九名乘客和機組成員全部罹難。蘇聯受到國際輿論的強烈譴責。當時我正在華盛頓郊外出席一場國際會議，美國國務卿舒茲搭直升機趕來，在會上嚴厲批判蘇聯的「殘暴行為」。

一九八六年四月，蘇聯車諾比核電廠發生爆炸，大量放射性物質被排到大氣當中。蘇聯此時已經無法控制國內的經濟活動。在這場事故之後不久，我去了一趟柏林。在一次外出時，遇到下雨卻沒有帶傘，因為害怕遭到輻射傷害，我們躲在建築物裡不敢出去。

一九八八年我去加州大學柏克萊分校參加研討會，從機場搭乘的計程車司機是逃亡的愛沙尼亞人，在西雅圖遇到的計程車司機也是逃亡的俄羅斯人。一九八九年我在溫哥華機場，看到回歸中國前的香港人大排長龍地接受入境檢查，準備移居加拿大。

中國在這時候，毛澤東和周恩來已經臥病在床，由江青掌握實權，但一九七六年毛澤東去世後，江青失勢，接下來，就任黨主席的華國鋒與受到軍系勢力支持的鄧小平開始進行政治鬥爭，國內依然處於混亂狀態。

只要是明眼人都非常清楚，八〇年代是一個社會主義國家徹底失能的時期。

市場主義的擴張

另一方面，西方世界也在政治思想方面發生了巨大變化。

一九七九年，柴契爾就任英國首相，推行被稱為「柴契爾主義」的新自由主義經濟政策，主張緩和限制，重視市場的調節作用，並實行一系列的改革措施。例如對一直由國家經營的電信、鐵路和航空事業推行民營化，對抗工會組織的罷工。在金融領域方面，放寬限制，允許外國資本進入。在稅收制度方面，推行改革，減低所得稅，同時增加增值稅，鼓勵國民自給自足。

柴契爾就任首相兩年後的一九八一年，雷根當選美國總統，推行了與柴契爾一樣的自由主義改革。雷根在任期間，降低所得稅，放寬限制，增加企業的活力，這些政策被稱為「雷根經濟學」。

就這樣，一九三〇年代世界經濟恐慌以來，以凱恩斯主義（Keynesiansim）為基礎的政策，即重視政府對經濟活動調控作用的政策慢慢消退，重視市場作用的時代又開始復活。

這一時期，朝聖山學社的總會在英國劍橋大學召開。我在以「國營企業民營化」為主題的研討會中進行報告，介紹了日本三家國營公司民營化的例子。但其他報告都極為抽象和充滿哲學意涵，令人我有點意外。據說這次總會之所以在劍橋大學召開，是因為會員們認為「海耶克（F. A. Hayek）的自由主義終於戰勝了凱恩斯主義」，因此選擇凱恩斯曾經任教的劍橋大學作為會場。

晚餐後安排了海耶克的自由講座，在大學休息室昏暗的燈光下，聽眾們圍坐在海耶克旁邊傾聽他的高論。他所講的內容非常抽象，富有哲學意涵，十分難懂。而且當他講到興頭上，還會不知不覺地從英語變成德語（海耶克出生於奧地利）。

一九八五年戈巴契夫就任蘇聯共產黨總書記。同年十一月，他在日內瓦與美國總統雷根舉行高峰會談，就加速縮減核武、相互訪問等問題達成了共識。

戈巴契夫積極推行民主化政策，主張改革與資訊公開。他對蘇聯封閉的政治體制進行改革，承認私營企業的存在，釋放政治犯，支持東歐的民主化革命。戈巴契夫試圖在蘇聯僵硬的經濟及社會制度中導入民主主義、政治自由以及市場經濟，但始終堅稱自己是共產主義者。他所推行的民主化政策，其實是以蘇聯體制永久存續為目的的改革。

然而到了八〇年代末，東歐共產主義政權如雪崩般接連倒塌。波蘭、匈牙利和捷克斯洛伐克等國紛紛成立了非共產黨政權，南斯拉夫和羅馬尼亞的政權也發生改變。一九八九年十一月，柏林圍牆終於被推倒。（但中國共產黨卻在一九八九年的天安門事件中，以戰車碾壓民主運動，存活了下來。）

戈巴契夫未能有效掌控國內的共產黨保守派，一九九一年八月，蘇聯發生政變。戈巴契夫受到拘禁，失去了領導國家的實權。葉爾欽領導的俄羅斯共和國宣布退出蘇聯，同年十二月，蘇聯徹底解體。

馬利亞在其著作中寫道：「共產主義在最後，像紙牌搭起的房子一樣，不堪一擊地瓦解，那是因為共產主義本來就是由紙牌搭起的房子。」

「也就是說，社會主義這種東西根本不存在，但蘇聯卻努力去實行它。」

「蘇維埃主義這種『超現實』的存在突然消失，身陷在過去七十年悲慘遭遇造就的廢墟裡，俄羅斯終於從噩夢中醒了過來。」

柴契爾、雷根和戈巴契夫這三名政治家當中，我有雷根和戈巴契夫的簽名。我的加州大學碩士學位證書上，有當時加州州長雷根的簽名。至於戈巴契夫的簽名是在他辭去總統職務很久之後訪問日本，和我一同參加某個小組討論時，我請他為我簽名留念的。他寫道：「贈予野口先生留作紀念。戈巴契夫，二〇〇七年十一月十二日。」

中曾根改革下的三大公司民營化

柴契爾和雷根的自由主義改革也影響了日本。

一九八〇年組成的鈴木善幸內閣提出「無須增稅的財政重建」，於一九八一年成立了臨時行政調查會。因為由土光敏夫擔任會長，該調查會又被稱為「土光臨調」，除了研究財政重建問題以外，還提議將日本國有鐵道（國鐵）、日本電信電話公社（電電公社），以及日本專賣公社這三大國營企業轉為民營。

這項建議被一九八二年組閣的中曾根康弘政權繼承下來，日本也開始推行柴契爾式的國營事業民營化，以及放寬限制的各項政策。

之前一直壟斷日本電話業務的電電公社，於一九八五年隨著《公眾電信法》改為《電信事業法》，開始轉為民營。根據修改後的法律規定，電電公社變為股份有限公司，允許其他企業自由參與電信事業。電電公社民營化形成的新公司NTT公司於一九八五年四月誕生。

壟斷鹽和菸草買賣的日本專賣公社，也於一九八五年四月改為民營企業ＪＴ公司（日本菸草產業股份有限公司）。

三大公司的民營化過程要數工會力量強大的國鐵最為困難。臨時行政調查會提出將國鐵分割民營化的方針，將原本的國營產業轉為民間企業，同時重組為六個地方旅客鐵道公司和一個貨物鐵道公司。新公司ＪＲ於一九八七年四月一日誕生。

當時的國鐵總裁是高木文雄先生。他在擔任大藏省事務次官之後就任國鐵總裁。這一時期，我有一次去與高木先生見面。之前有報紙報導他曾去北海道出差，所以我問他乘坐什麼交通工具去北海道。他回答我說：「去的時候坐國鐵，因為記者都在那邊等著。不過回程是坐飛機回來的。」

國鐵民營化是一個劃時代的改革。之前窮於應付罷工和勞資糾紛的國鐵，發生了巨大變化，服務品質也提升了很多。

但是，我對國鐵民營化也有不滿之處。那就是，沒能單獨成為一個ＪＲ東京公司，而是將東京區域劃為ＪＲ東日本公司所管轄。

在實行民營化以前，國鐵的問題之一是會把一個區域的盈利，轉移到另外一個區域（即內部轉移）。東京區域的行車路線收益很大，但公司卻將這部分利潤轉移到其他區域填補虧損。因此，東京區域的鐵道通勤者們飽受高峰時段的擁擠之苦，卻沒有為他們修建和開通新線路。首都圈的通勤者，被迫負擔自己根本用不到的地方鐵道線路的龐大維護費用。

雖然日本在戰後整建了各種社會基礎設施，但大城市體質虛弱的通勤線路問題，卻一直被置之不理。造成這個問題的原因就是內部轉移機制。我認為，這也是造成八〇年代中後期房地產泡沫的根本原因之一。

3 泡沫形成

沒有理財技術就是無能

在來自海外的自由化壓力之下，八〇年代的日本開始階段性地推動金融自由化。限制被取消，利率反映了市場趨勢並由市場決定。金融機構在開發和銷售金融商品方面也享有更大的自由。

但是在取消有關限制的過程中，出現了一種奇怪的現象。其象徵就是在八〇年代逐漸普及的「理財技術」一詞。

第三章第二節中提到，一九七二年我留學歸國時，日本才終於開始允許按照時價發行股票來增資。由於八〇年代日本的股票價格持續上揚，上市公司很容易就可以透過發行股票來獲取資金。大企業開始減少向銀行貸款，轉為在股票市場上取得資金。企業透過股票市場獲得的資本，在八〇年代前半期僅為三兆日圓左右，到一九八七年達到十一兆日圓，一九八九年更是激增至二十七兆日圓。

與此同時，過去只允許長期信用銀行或者電力公司等極少數企業發行公司債券的限制也開始放寬。可以發行公司債券的企業愈來愈多，普通公司債券以外的債券也逐漸得到許可。

於是很多企業開始留意可轉換債券。可轉換債券是指有權轉換為股票的公司債券。例如最初以一百日圓的價格發行的公司債券附有一份股票轉換權，那麼當股票價格漲至一百五十日圓時，將這份公司債券轉換為股票在市場上出售，就可以獲取五十日圓利潤。另一方面，如果股票價格下跌至一百日圓以下，只要不轉換為股票，仍以公司債券的形式持有，那麼在贖回時仍舊可以得到一百日圓的本金及相應的利息。

對投資者來說，可轉換債券可以在股票價格上漲時獲利。對企業來說，由於與普通公司債券相比，可轉換債券的利率通常較低，企業也可以減少融資的利息負擔。可轉換債券其實早在一九六六年就有發行，到了八〇年代後半期才開始急遽增加。

另外，從一九八一年開始，企業還可以發行「附認股權證公司債券」。附認股權證債券擁有按照約定價格認購該公司股票的權利。不同於可轉換債券是直接將債券轉換為股票，附認股權證債券在購買股票時需要另外付錢。但如果股票價格高於購買債券時約定的認購價格，將認購的股票在市場上出售便可以獲得利潤。另一方面，由於附加有這種權利，所以利率也相對較低。因此對企業來說，附認股權證債券也可以以較低的利息成本獲得資金。

透過這些方式，上市公司無須從銀行貸款，就可以取得比銀行更低利率的資金。因此，企業除了經營和設備投資的資金之外，也開始以資產運用為目的從市場取得資金。

例如，企業發行可轉換債券獲取資金，以大額定期存款的方式存入銀行。由於實施利率自由化政策，銀行對信用度高的大企業，往往會支付較高的利息。於是大企業不費吹灰之力，只透過大額定期存款就可以獲得差額的利息。

這就是「理財技術」的內容。雖然打著「技術」的旗號，但實際上並非真正的技術，不過是金融市場失衡所引發的異常現象而已。但因為確實能為企業帶來利益，所以短時間內就受到廣泛的應用。

除此以外，還有一些其他情況可以記入日本金融史的異常現象。這一時期，「特金」（特定信託基金）、「信託基金」（fund trust）等將資金用於股票和債券的新型金融產品都獲得許可。企業以較低利率獲得融資後，轉而將這些資金用於購買特金或信託基金等金融產品，獲得的利息收益遠遠高於當初融資支付的利息。特金和信託基金在一九八五年時還不到九兆日圓，但是到一九八九年底卻迅速膨脹到四十三兆日圓。

一九八七年，短期融資券（CP，commercial paper）的發行獲得許可。CP與支票類似，是企業籌措短期資金的一種方法。發行CP的企業雖然要支付利息，但是大企業發行CP的利率要遠低於銀行的大額定期存款利率。因此企業發行CP獲取資金，再將該資金存入銀行即可獲利。在這種機制之下，只要將錢從左邊口袋移到右邊口袋就能獲得收益。

這就是所謂的「企業的財務主管不懂理財技術就是無能」的時代。企業不再關心原本的生產經營，而是將精力用於依靠投資理財來獲取收益。

地價開始暴漲

一九八三年，東京市中心的土地價格開始以異常的速度暴漲。在虎之門周邊地區，土地交易成交價高得令人難以置信。這種現象逐漸擴大到其他地區。

支撐地價高漲的，是大家的期待。也就是人們都相信「隨著日本經濟的增長，東京將會成為亞洲的金融中心」。世界各地的企業聚集在東京市中心，希望在此擁有一席之地。因此東京市中心土地的經濟價值上升，土地價格也會隨之高漲。在這種預期心理之下，人們開始搶購土地。

一九八六年左右，「拆遷」「轉賣土地」等詞彙開始流行起來。拆遷是指收購低樓層建築密集的土地，將其夷為空地，以備將來建造高樓大廈。

市中心的土地權利關係往往錯綜複雜，需要大費周章才能變為空地。所以大型房地產開發集團往往不會親自出面，而是請外包廠商來做前期工作。於是出現很多來歷不明的「拆遷隊」。

轉賣土地則是指買到土地後，再將土地轉賣。因為地價不斷上漲，所以左手買右手賣之後能夠牟取暴利。抵押土地，可以輕鬆從銀行獲得貸款，因此以將要購入的土地作為抵押從銀行獲取貸款，幾乎分文不出就能輕鬆低買高賣土地。很多公司為了牟取暴利紛紛投身這個行業。

當時還出現了「鉛筆樓」一詞。在極為狹窄的土地上，建造五層高左右，像鉛筆一樣細長的大樓。這些奇怪的新名詞就像日常用語一樣，到處有人在用，到處都能聽到。

根據一九八七年一月政府公布的土地標準價格，東京附近的土地價格比前一年上漲二十三點八％。接下來的一九八八年一月，土地價格上漲率高達六十五點三％。泡沫經濟破滅以後，觀察之後的土地價格變化趨勢，可以明顯了解到這一時期地價上漲情況實屬異常（圖4-5）。但在當時，人們卻完全沒有警覺到這個異常現象。

一九八八年，日本國土廳公布的《國土利用白皮書》指出：「以東京附近為中心的土地價格上漲是由實際需求所引起。」也就是說，這份白皮書認為，土地價格上升並非投機導致，而是土地需求大於供給引起，因此並非異常現象。這相當於政府替土地價格高漲做了權威保證。

於是土地泡沫過度膨脹。除了城市中心地區的商業用地，大城市周圍住宅用地的價格也顯著上升。

一九九〇年，東京周邊的公寓價格已經超出人民平均年薪的十倍，市中心更是高達將近二十倍。在首都區域，不要說獨棟住宅，就是公寓價格也漲到了平民百姓難以承受的水準。

這一時期盛行建造單房公寓。很多人都以投機為目的買來投資，等價格上漲之後再賣出賺取差價。

我在美國就日本經濟問題進行演講時，提及日本土地問題的情況也愈來愈多。有一次，我在演

圖 4-5　城鎮土地價格指數之變化趨勢

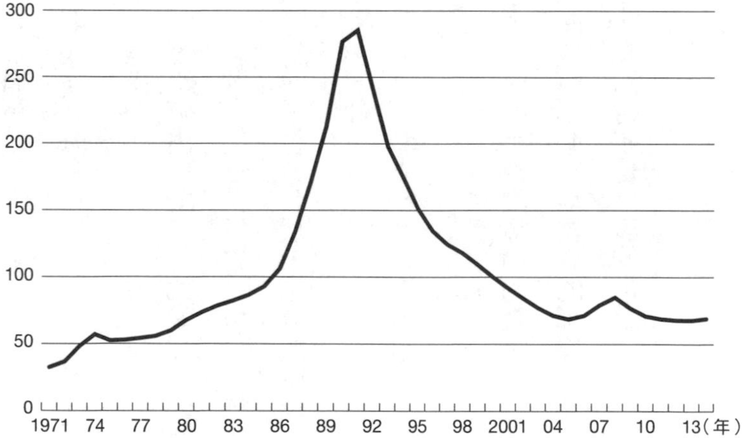

註：包括六大城市所有用途土地之平均價格。

資料來源：日本不動產研究所。

講中對土地價格進行說明時，發現聽眾都在台下偷笑。

演講結束後我問他們為什麼笑，有人告訴我說：「你用平方英尺來計算土地面積很好笑，因為在美國，土地面積都是以英畝計算的。」

其實我在演講前，也曾經猶豫，在說明土地價格時用什麼單位比較好。因為日本一般說「一平方公尺多少錢」，所以就改成了「一平方英尺多少錢」。然而在美國，土地面積的單位卻是英畝，一英畝大約等於四千平方公尺，也就是四萬平方英尺。所以聽了我的演講，聽眾們確實會感到很好笑吧。

後來我去澳洲時，很好奇那裡的土地面積是用什麼單位，所以特意留意了房地產廣告。

在日本，房屋面積非常重要，所以房地產廣告會把小數點後面的數字，都完整地寫下來。但我在澳洲看到的廣告卻寫著：「面積與相鄰土地為界的那條河為止。」土地面積多大，根本就沒有寫出具體數字，在澳洲這才是一般的常識。

股價也開始上漲

隨著土地價格的高漲，股票價格也一路飆升。一九八三年日經平均股價是八千八百日圓左右，一九八七年一月漲至兩萬六千六百四十六日圓。僅僅四年就漲了兩倍以上。之後仍舊一路高漲，直至一九八九年年底的最高價三萬八千九百一十五日圓。一九九〇年一月甚至有報紙預測：「日經平均股價馬上就會漲至六萬日圓左右。」

日本企業的總市值，在最高點時甚至膨脹為美國企業的一點五倍，占整個世界的四十五％。這真是令人難以置信，日本企業居然占全世界企業總市值的將近一半左右。

NTT公司的總市值，超過全世界最大電信公司美國AT＆T公司，甚至比AT＆T公司與IBM、埃克森美孚、奇異和通用汽車等幾大公司加起來還要多。野村證券的總市值更是超過美國所有證券公司的總和。

一九八八年底，野村證券公司在日本和世界各地的報紙及雜誌上都刊登了雙頁版面的概念廣告。其內容如下：

「看到東京證券交易所的股票價格不斷上漲，有人說『東京股價太高了』，有人說『股價太高會導致市場不穩定』。可以說，這些頑固不化的懷疑論者就好比在今天仍然相信托勒密所主張的地心說一樣。」

「在天文學領域，後來出現了哥白尼，徹底推翻了托勒密的學說。你是哥白尼呢？還是托勒密呢？

你必須拓展知識，建立起哥白尼式的思維方式。來吧，加入我們，一起提升並豐富自己。」

投資者擔心地問道：「日本的股價太高，會不會已經高到了外太空？」但證券公司的銷售人員卻這樣回答：「就日本來說，股票市場是不存在萬有引力的。」

不過，牛頓的重力法則終究還是對日本的股市發揮了作用。第五章第一節將對此進行說明。

名畫等於是掛在牆上的土地？

市中心地價暴漲的同時，地方城市也掀起了修建高爾夫球場的熱潮。人們把這當成了「夢幻煉金術」。建造高爾夫球場，首先要銷售高爾夫俱樂部的會員資格。開發商以預付款的方式從會員那裡收取會員資格面額九十％的預付款。然後也會從銀行那邊貸款，只要是修建高爾夫球場的專案，銀行通常都會很輕易地批准。

在日本，修建一座高爾夫球場的費用一般為一百億日圓左右。然而用這個辦法，居然連身無分文的人也可以從事一百億日圓的不動產開發專案，這正是名副其實的「夢幻煉金術」。

之前一直腳踏實地經營祖業的地方名流，也都紛紛投身高爾夫球場的建設熱潮中。一九八五年，全日本僅有一千四百家高爾夫球場，不過十幾年間，就增至兩千四百家。此外，一九八七年公布的《綜合休閒區整備法》（俗稱《度假地法》）又掀起了度假區的熱潮，對興建別墅區的趨勢產生了推波助瀾的作用。

在日本國內修建高爾夫球場大獲成功的房地產開發商雄心勃勃，開始進軍海外度假區的開發。高橋治則就是其中的一人，他經常搭乘私人飛機往返太平洋，在塞班島或澳洲的黃金海岸開發度假村。高橋的ＥＩＥ國際公司的總資產曾經一度超過六千億日圓，加上集團底下的公司，據說總資產超過一兆日圓。跟上了泡沫經濟的趨勢，該公司的總資產甚至膨脹到一兆八千億日圓，幾乎與日本著名房地產開發公司三菱地所的資產一樣（第五章第二節將會介紹，泡沫經濟破滅之後，ＥＩＥ集團成為導致日本長期信用銀行等多家金融機構破產的原因）。

泡沫經濟時期的投資對象，就這樣從城市不動產到高爾夫球場，再到海外的度假勝地。範圍逐漸擴大，最終連藝術品也成了投資對象。

一九八七年，安田火災海上保險公司投資五十八億日圓買下梵谷名畫〈向日葵〉，成為熱議的焦點。此外，日本企業還先後以七十四億日圓買下畢卡索的〈皮埃雷瑞特的婚禮〉，以一百一十九億日圓買下雷諾瓦的〈紅磨坊的舞會〉。一九八七年之後的五年期間，日本從海外購入的藝術品總額超過一兆日圓。

人們的對話中也經常出現類似的話題，例如「在銀座的畫廊買的畫，轉手賣到其他畫廊，幾分鐘就賺了好幾百萬日圓」，或者「名畫就等於是掛在牆上的土地」等等。

在「名畫等於是掛在牆上的土地」的觀點中，包含了兩個錯誤。

第一，土地原本是用於居住或者建立事業的。但是當時，土地卻被當成轉賣的賺錢工具，這是第一個錯誤。

第二，名畫是用來欣賞的，但是也被當作了轉賣的賺錢工具，所以「名畫等於是掛在牆上的土地」這個等式並不成立，這是第二個錯誤。當時的人們居然能理所當然地提出這種邏輯，而且誰都不覺得異常。

這一時期，我在義大利米蘭的博科尼大學進行密集授課。休息時間，我常到米蘭的街上閒逛，流覽當地的古董商店。但是那一年，店裡的商品突然大幅漲價。我詢問原因之後，店主回答說：「日本的百貨公司過來採購，把價格抬高了。」日本的泡沫甚至波及到米蘭的古董商店。

日本資金買下全世界

八〇年代後半期，日本企業大手筆的金融交易，以及對海外不動產的投資，在全世界都成了熱門話題。

日本的各家生命保險（壽險公司）在世界金融市場表現出強烈的投資意願，在歐美的相關市場上被稱為「生保先生」。當時在日本生命保險行業中，排在第一名和第二名的日本生命保險公司和第一生命保險公司，在一段時期裡也是全世界壽險公司總資產排行榜上的第一名和第二名。

日本投資海外不動產的趨勢也極為強勁。一九八六年，第一不動產公司以破紀錄的價格買下了紐約的蒂芬尼大廈。一九八九年，三菱地所公司一舉買下紐約市的洛克斐勒中心的十四棟大樓。其他如麻布建物、秀和等日本房地產公司也紛紛在夏威夷買下飯店，或者在加州買下辦公大樓或購物中心等。

一九九〇年，一家名為宇宙世界（Cosmo World）的日本房地產公司以超過八億美元的價格，買下加州著名避暑勝地圓石灘（Pebble Beach）的高爾夫球場和豪華飯店。

圓石灘就是在第二章第四節提到，位於舊金山南方的卡梅爾小鎮的美麗海岸。我在六〇年代第一次看到這裡的別墅區時，曾經驚歎「世界上居然有如此美麗的地方」，那時根本無法想像日本人會住在這裡。

但是現在這裡居然被日本企業買了下來，我只能承認「奇蹟發生了」。

日本對美國不動產的投資，一九八五年約為十九億美元，一九八八年增至約一百六十五億美元。一九八九年底，日本土地資產總額約為兩千兆日圓，是美國土地資產總額五百兆日圓的整整四倍。所以當時還有人會說出「賣掉東京就可以買下整個美國」「只用皇居的土地就可以買下整個加拿大」等豪言壯語。

日本商人們在全世界走路有風。在一九九〇年上映的美國電影《麻雀變鳳凰》中，李察．吉爾飾演的企業家愛德華，在電影中進行交易的地方就是東京的股票市場。因此電影裡面也有矮個子、戴眼鏡的日本商人登場。那就是當時世界上許多人對日本人的印象。

從一九八七年到二〇〇六年期間，擔任聯邦儲備理事會主席的葛林斯潘在其回憶錄中寫道：「史普尼克危機[25]以來，這一時期比其他任何時候都強烈地感受到外國的威脅。」

4 強烈感覺到時代在偏離軌道

日本真的如此強大？

當時，我曾經幾次與外國學者進行共同研究，題目總是「日本為何如此強大」。同前文提及的《美國製造》一書一樣，人們普遍認為「日本經濟成功的主要原因在於日本獨特的經濟機制」。探究這種經濟機制的具體內容，對當時的海外學者們來說，是一個重要的研究課題。

他們的主要觀點是「日本株式會社」，認為日本獨特的勞資關係和管理方式是日本經濟強大的原因所在。

第一，他們認為重要的因素是「在日本企業中，經營方與工會不是對立的」。在英國等國，勞資關係對立，企業常因為勞資糾紛而陷入困境。勞動者要求加薪，導致企業的利潤縮小。但是在日本，經營方與員工是一體的，所以不存在類似的問題。因此才能促使日本的經濟高速成長。

第二，他們認為「日本的公司經營者不必為股市的短期變動而患得患失，因此他們能夠以長期的眼光來思考公司的發展」。在美國，股票價格下跌，經營者就要被追究責任。所以他們總是盯著股票價格，只顧提高眼前的利潤。而日本的經營者們卻不必受到這種市場的壓力。

我對這些觀點持有疑問。日本的體系真有那麼強大嗎？日本真的是在實力上超過美國嗎？在我來看這絕不可能，但是奇蹟卻發生了。

只要比較一下日本和美國的大學，誰強誰弱就一目了然。美國一流大學在各方面的實力都是日本頂級大學所無法企及的。

從日本到美國留學的學生多不勝數，可是卻沒有大批的美國學生來日本進一步深

25　史普尼克危機指一九五七年十月四日蘇聯成功發射第一顆人造地球衛星史普尼克一號。美國在此之前曾經嘗試過兩次試射人造衛星，但均告失敗。蘇聯史普尼克一號的成功令美國芒刺在背。此後美國全力展開了與蘇聯的太空競賽。

造。這其實就是美日大學之間的實力差距帶來的必然結果。

全世界的一流頭腦都集中在美國而非日本。然而，日本的經濟實力卻淩駕於美國之上。我的直覺告訴我這肯定不對。

從這個時期之後，日本人對日本在世界上的地位有了全新的認識。

在這之前，日本人的一般看法是：「日本落後，所以必須追趕。」人們都懷有謙虛的態度，認為「應該學習外國的先進知識」。但是從八〇年代開始，日本人卻變得認為「日本人和日本的制度非常優秀」（這種觀點源自第三章最後論述的「禮讚日本式體系」）。我認為，為自己的祖國感到驕傲與自豪，這很重要。但是我們的驕傲和自豪應該有客觀事實作為依據。例如第一章第四節提到的，我曾經因為在甘迺迪機場看到了日本航空公司的飛機而感慨萬分。那也可以說是一種「驕傲和自豪」，不過這種感情是有「日本的飛機也能飛到這裡」的客觀事實做為依據。如果不依據客觀事實，只一味地感到自豪，這是很危險的。因為它很容易導致攘外和排除異己的風潮，很多時候，這會成為阻礙進步的最大因素。

天道未必酬勤，巨富源於「虛業」

日本的問題不僅在於美日之間的差距。八〇年代後半期，因為土地價格暴漲，上班族即使辛勤工作一輩子也買不起自己的房子。勤勞工作卻未必獲得回報，但轉賣土地卻能不費吹灰之力地獲得龐大財富。

當時，女學生們做兼職，只要成功招攬顧客加入高爾夫俱樂部，就能獲得上班族無法比擬的高額收入。作家林真理子在小說《亞子的時代》中描繪了日本泡沫經濟時期的社會眾生相。主角是一位把房地產公司老闆哄得團團轉的年輕女子，小說裡發生的各種事情，都是在現實中確實存在的。

辛勤勞動未必能獲得相應的回報，而各種無本生意的無良商業做法，卻能帶來巨大財富。這樣的狀況深深地傷害人們的尊嚴。

我在一九八九年出版的《土地經濟學》（日本經濟新聞社出版）一書中闡述了上述觀點。但遺憾的是，這本書在日本並未引起任何回響，反倒是美國人對我的觀點表示興趣。

當時正趕上美日結構協定的談判，美國的研究員們對日本的土地問題非常感興趣。我與當時的駐日大使麥克．阿馬科斯特（Michael Hayden Armacost）以及美國大使館的相關人員，就土地問題進行過多次討論（我與麥克後來還成為在史丹佛大學共事的同事）。

土地問題的原因並非土地不足

當時在日本，對於地價上漲問題的一般觀點是土地資源不足導致地價上漲。人們認為，日本是面積狹小的島國，土地總量少，這裡匯集了全世界的頂級經濟活動，地價自然會上漲。

但是這種想法卻有錯誤，確實，日本的國土面積比起美國、加拿大或者澳洲等國要小得多。但是土地價格暴漲問題所涉及的土地面積並非全部國土，而是被用作城市用途的土地。如果比較可居住的面積，日本的土地面積並不狹小。美國雖然國土廣大，但其中的可居住面積卻只有一小部分。加拿大、澳洲和俄羅斯等國也大致如此。比較各國可用作城市地區的面積，日本並不算極為狹小。

那麼，為什麼日本會陷入如此嚴重的土地問題呢？

這是因為在日本，城市土地的利用率比較低。換句話說，城市土地面積沒有得到有效的集中利用。即使在市中心的最佳地段，也有利用率極低的情況，市中心並沒有全都建設高樓大廈進行有效利用，這就是問題所在。

實際上，根據統計資料對土地容積率等進行比較就會發現，與紐約、巴黎相比，東京的土地容積率非常低。也就是說，東京不是土地不足，而是土地沒有獲得有效利用。

為什麼會出現這種情況？第一個原因是，戰爭時期中修訂的《租地法》與《房屋租借法》強化了土地和房屋租賃方的權利。在日本，租賃土地可以享有非常有利的權益，將土地租借給別人幾乎等同於失去了土地。如果沒有特殊理由，所有權人不能將土地收回。因此，本來可以透過出租來有效利用的土地，所有權人卻寧願讓它閒置下來。或者一些年代久遠的舊房，屋主們也會一直讓它空著，直至倒塌毀壞為止。因為一旦租出去就不能隨意把租客趕走，屋主們寧願空置也不願意出租。

過於強大的租地權與租房權是一九四〇年體制的產物。正如第一章第二節介紹的，在戰後的日本社會，強化租地權和租房權具有重要意義。毫無疑問，它發揮了平均財富的作用。然而，這些制度在戰爭剛剛結束的時期中雖然具有重要作用，但在八〇年代，卻成了使土地擁有者和非擁有者之間產生巨大差距的元兇。

第二個原因在於，擁有土地的稅收負擔（固定資產稅和遺產稅）太低。從表面上看，稅率可能並不低，但土地評估價值要遠遠低於市場價格。特別是城市裡的農業用地的評估值，與住宅用地相比被壓得很低。

雖然東京的地價高漲，但在泡沫時期，仍然經常可以隨處看到破舊的平房（現在也偶爾可見）。不僅如此，市區裡還存在著大量的農業用地（現在也是如此）。

這些制度阻礙了城市土地的有效利用，它們才是造成土地價格暴漲的真正原因。我對土地問題的這個觀點，使我被借調到建設省期間，可以有很多機會與土地專家們進行探討。建設省的很多專家都和我一樣持有類似的觀點。

提出泡沫經濟的警告，卻被當作耳邊風

我在一九八七年就曾撰文指出：「現在的地價上漲是泡沫。」這篇文章刊登於一九八七年第十一期《週刊東洋經濟臨時增刊近代經濟學系列》雜誌上，題目叫作「因泡沫而不斷膨脹的土地價格」。

我在這篇文章中指出，日本的地價上漲並非如《國土利用白皮書》，或者許多人所相信的，是由於需求增加而造成的長期現象，而是由於對未來的過多期待，以及量化寬鬆政策所引起，只是不伴隨實際需求的暫時高漲而已。

據我所知，這篇文章是最早使用「泡沫」一詞來形容這一時期的地價暴漲現象。「泡沫」這個詞，很早以前就在經濟史上出現過。例如十七世紀在荷蘭阿姆斯特丹就曾出現過「鬱金香泡沫」，也就是鬱金香花卉的球根期貨價格飆升的事件。在十八世紀的英國則發生過「南海泡沫事件」，也就是借進行貿易之名成立的南海股份有限公司的股價異常暴漲的事件。

在期貨或者股票方面存在「泡沫」的概念，但是對不動產使用「泡沫」這一詞的先例，我還沒有見到。一九二〇年代，美國佛羅里達州的度假區曾經發生過地價急

速上漲的情況。弗雷德里克·艾倫（Frederick Lewis Allen）曾經在《崛起的前夜》（*Only Yesterday:An Informal History of the 1920s*）一書中描述了當時的情景，但他並未使用「不動產泡沫」一詞，而是用了「不動產熱潮」來形容。

我認為「日本的地價高漲是泡沫」的觀點，受到了許多經濟學家的猛烈批判。例如經濟學家雲集的「政策構想論壇」，就在一九九〇年報告當中斷定「地價上漲屬於正常範圍」。

「價格引發泡沫」的想法，實際上意味著「對市場的判斷錯誤」。對經濟學家來說，這是難以接受的觀點。因為在經濟學理論中，「市場的判斷才是正確的判斷。」這也是本章第二節介紹的自由主義思想的基礎。因此，承認泡沫的存在無異是經濟學家的集體自殺行為。所以經濟學家不甘心承認泡沫也是情有可原。

在報紙和雜誌上，認為「地價高漲反映了日本經濟的成長，屬於正常現象」的觀點占絕對優勢。我在研討會上闡述「現在的土地價格是泡沫」，總是遭到強烈的反駁。

在泡沫經濟正在發展的過程當中，人們很難承認它是泡沫。而要指出它是泡沫，則是一件更難的事。這是一場孤軍奮鬥的戰役，得不到任何人的理解和支持。

當時，我曾經警告某位政治家：「泡沫經濟一旦破滅，將會造成嚴重的後果。」這位被認為是自民黨中最具智慧的政治家卻回答我說：「哎呀，最近我的選區的地價也終於開始上漲了。」像他這樣的人，居然也沒有對土地價格的異常上漲感到懷疑。

我從來沒有像這個時期一樣，對時代感到如此不對勁。

我感到「不對勁」，是指「明明是異常現象，但所有的人卻都將其視作理所當然」的狀態。土地價格不可能高到這種程度。日本的房地產開發公司竟然能夠輕而易舉地買下圓石灘和洛克斐勒中心，這太不正常了。然而在現實世界中，這些匪夷所思的事情卻接二連三地發生，而且誰都不覺得奇怪。

這就是我所說的「不對勁」。我第一次強烈地感受到這種感覺，就是在這一時期。

泡沫經濟是一九四〇年體制的垂死掙扎

現在，人們已經普遍接受了八〇年代後半期的地價，以及股價暴漲是泡沫的觀點。不過對於其形成原因，一般都認為是「過度的量化寬鬆政策催生了泡沫」。量化寬鬆政策確實是一個重要原因。但我認為，這個時代產生泡沫經濟，除了量化寬鬆政策之外，還有更深層的原因。這個原因就是「八〇年代後半期的社會已經不再需要一九四〇年體制」的事實。

本章第一節提到，八〇年代，金融領域的戰時體制面臨著外部環境的重大變化。首先，企業變得能夠在資本市場上直接籌措資金。企業透過時價發行股票、可轉換公司債券或者CP等各種直接金融方式，不僅從國內市場，還可以從海外市場獲得資金。

第二，企業對資金的需求已經不再像經濟高速成長時期那樣旺盛。正如本章第三節介紹的，企業沒有資金需求，就把低息獲得的資金存入大額定期存款，或者用來購買「特金」、信託基金等金融資產。

就像本書第一章第三節以及第二章第三節介紹的，金融領域的一九四〇年體制，是分割日本金融市場與國際金融市場，實行鎖國政策才得以成立的。也只有這樣才能夠對利率實行統制。但是隨著日本進入經濟國際化和自由化，戰時金融體制也終於來到它壽終正寢的時刻。因為存在這些結構性原因，才引發了空前的泡沫經濟。

面對上述經濟結構的變化，金融機制原本應該從根本上進行變革。也就是以銀行為中心的間接金融體系，需要向直接金融體系進行軟著陸。

其中尤其重要的是，包括日本興業銀行、日本長期信用銀行和日本債券信用銀行這三家銀行的長期信用銀行，需要轉變商業模式。長期信用銀行過去的使命是透過發行金融債券籌措資金，為企業提供設備投資等長期資金支援。這些金融機構可以學習美國投資銀行的商業模式，以此作為改革方向。也就是為企業提供在資本市場上籌措資金時所需要的各種配套服務。

當時有一部分長期信用銀行已經開始嘗試摸索類似業務。但是現實中卻並未真正實現轉型，而是企圖沿用過去的商業模式在新世界裡生存下去。其具體表現是，全力投入到能夠最快獲得收益的不動產投資事業。這就是八〇年代後半期日本經濟的矛盾原點。長期信用銀行也與都市銀行一樣，透過名為「住宅金融專門公司」（簡稱「住專」）的子公司向房地產開發投入巨額資金。這一點將在第五章詳細闡述。

從這個角度來看，一九四〇年體制這個戰時經濟體系，儘管已經被時代宣告退場，卻仍然苦苦堅持苟延殘喘，就是造成八〇年代經濟泡沫的必然結果。

不過，當時還沒有人注意到這一點。這也情有可原。因為在這以前，一九四〇年體制讓日本的經濟在戰後快速復興和高速成長，也成功地戰勝了石油危機。人們很難理解，在獲得了這些成功之後，一九四〇年體制基本上已經完成了它的使命，不得不退出時代的舞台。但需清醒地認識到自己在歷史演進過程中，到底處於什麼樣的位置，這確實很難。

就這樣，一九四〇年體制開始慢慢地偏離了現實經濟的發展軌道。這就是我對這一時代感到不對勁的原因。當時只是一種朦朧的感覺，後來才漸漸變成了更明確的危機意識。

第5章

泡沫與1940年體制同時破滅

1990
|
1999

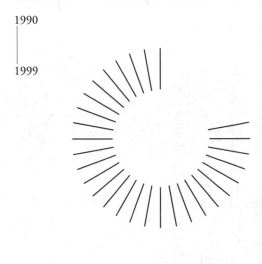

1 泡沫破滅

牛頓來到日本

美國經濟學者墨基爾（Burton G. Malkiel）在其著作《漫步華爾街》中寫道，

「對投資者來說，非常不幸的是，一九九〇年牛頓真的來到了日本。」

本書第四章第三節提到，針對投資者對於「日本股價是不是過高」的疑惑，日本的證券公司回答「日本的股票市場不存在重力法則」，然而這並沒有成為現實。

當時，認為「股票還會繼續上漲」的不只是證券公司而已。

一九九〇年一月三日，《日本經濟新聞》是這樣預測的：

「以穩健的經濟形勢和良好的股票供需關係為支撐，日經平均股票價格將在年底漲至四萬四千日圓左右……這是綜合二十位大型企業經營者，對今年股票價格的預測得出的結論。」

「年底漲至四萬四千日圓」的預測見報的第二天，也就是在年初第一個交易日一月四日，東京證券交易所的股價全面下跌。

這就是泡沫經濟破滅的開端。牛頓終於來到了日本。從這一天起，日本的股價開始一瀉千里。

一九八九年十二月，後來被稱為「平成鬼平」[26]的三重野康就任日本銀行總裁。三重野認為：「上班族努力工作一輩子也買不起房的社會是不正常的，必須緊縮金融，抑制地價上漲。」他從一九九〇年開始連續實施了金融緊縮政策。

同年三月，日本銀行將基準利率上調一%，達到五點二五%（第二百二十頁圖4-4）。股價繼續下跌，此時已經比年初下跌了二十%。一周之後，大藏省以銀行局長名義下達名為「抑制與土地相關投資」的通知，實施行政指導，設定銀行不動產投資上限，也就是進行了「總量管制」。

26 鬼平是在池波正太郎小說《鬼平犯科帳》中登場的人物。專責擒拿竊盜、放火等犯罪者。鬼平這個人物以武功高強，剛直不阿而聞名。盜賊們害怕他，將之比喻為鬼。平成是日本的年號，始於一九八九年。

人們認為該通告能夠提高融資門檻，使房地產商無法再像之前一樣以土地當作擔保獲得貸款，從而使不斷上漲的地價轉向回穩。

然而實際上，因為大型銀行的子公司「住宅金融專門公司」不是總量管制的對象，此後仍然積極投資房地產，土地價格繼續攀升。後文還會介紹，住專其實更著重對房地產和非銀行金融機構的投資，而非像其名稱一樣專門從事住宅貸款。

一九九〇年八月，基準利率被上調至六％。同月，海珊領導伊拉克入侵鄰國科威特。伊拉克和科威特均為中東的產油大國。兩國的戰爭導致原油出口受阻，人們預測即將爆發新一輪的石油危機，紛紛在股票市場上拋售股票。到同年十月一日為止的兩個月期間，日經平均股價下跌了三十三％，降至最高價時的一半。

股價下跌，地價未降

我還清楚地記得伊拉克入侵科威特那一天的情形。當天我正要前往參加某研究會「北海道單人房公寓投資狀況」的調查，在羽田機場的候機大廳得知了伊拉克入侵科威特的消息。

單人房公寓正是房地產泡沫的象徵。之所以進行這項調查，是因為當時類似的投機十分盛行。也就是說，在伊拉克入侵科威特的時間點，日本的土地價格尚未開始下跌。

一九九一年五月，日本制定「地價稅」，對一定面積以上的土地所有權人徵稅。該法律於一九九二年一月一日開始實行，其目的與一九九〇年的總量管制一樣，都是要控制土地價格。這也表現出大藏省的堅決態度。

但這一系列政策並未見效。一九九一年九月之前，住宅用地和商業用地的價格仍然持續上漲。

下跌的股價和上漲的地價，二者背道而馳的情景，更堅定了一些人「土地價格果然並非泡沫」的看法。

當時許多經濟學家認為：「股票價格上下浮動，所以會發生暴跌。但土地價格與之不同。」確實，無論是在日本還是全世界，曾經多次發生過股價暴跌的情況。例如韓戰期間的「史達林暴跌」，以及一九八七年的「黑色星期一」等，股票價格都曾經出現暫時下跌。但是在土地問題上，幾乎所有人都認為，日本的國土面積總量不多，地價不可能下跌。

針對我提出的「土地價格也產生了泡沫」這一觀點，周圍清一色都是持反對意見，大家認為「即使股價下跌，地價也決不會下跌，野口的觀點有誤」。我依然處於孤立無援的狀態。

泡沫破滅後才知道是泡沫

不過從一九九一年下半年開始，地價也受到了重力作用。價格一旦開始下跌，其速度十分迅速，從一九九一年七月開始的一年期間，東京住宅用地的下跌幅度就達到十四點七%。

後來能夠使用電腦的新聞報導搜尋服務之後，我曾經嘗試搜索過《日本經濟新聞》中使用「泡沫」一詞的次數。一九八八年之前，這個詞每年只出現過幾次。一九八七年僅有一次，是與匯率相關的新聞，根本沒有關於地價及股價的報導。

但是，在土地泡沫破滅的一九九一年，「泡沫」一詞的出現次數一下子暴增至兩千五百四十六次。一九九二年更是多達三千四百七十五次。

隨著泡沫經濟的破滅，「泡沫」的說法迅速流行起來。這究竟意味著什麼？這意味著，當人們處於泡沫之中時，是無法意識到泡沫的存在。只有泡沫破滅之後，人們才知道，原來它是泡沫。

一九九一年下半年地價開始下跌，地價是泡沫的事實才隨之顯現出來。

如果模仿馬利亞的說法，就是「股價和地價最終像紙牌搭建的房子一樣，頃刻倒塌，這是因為股價和地價本來就是紙牌搭建的房子」，「股價和地價將會無限上漲的『超現實』消失了，日本站在悲慘事件形成的廢墟之中，終於從噩夢中醒了過來」。

誰也無法預料，泡沫的破滅將給整個經濟帶來怎樣的影響。我在那個時候，也還不知道將來會發生什麼情況。

仍然認為日本比美國強大

一九九〇年股價開始下跌，一九九一年地價開始下跌，但大多數日本人仍然沒有意識到日本經濟正在走向衰退。

繼一九九〇年伊拉克入侵科威特之後，一九九一年爆發波灣戰爭。以歐美為核心的多國部隊開始進攻伊拉克。日本由於憲法的制約無法派兵參戰，因此支付了一百一十五億美元，也有人說是一百三十億美元的巨額費用當作補償。當時主要已開發國家認為，日本不能參與軍事行動，但擁有強大的經濟實力，因此理應負擔這些費用。日本人則認為這也是無奈之舉。也就是說，同意在經濟上協助美國。

日本人的這種感覺可以從經濟資料中得到證實。圖5-1顯示了美日兩國人均GDP的對比情況。從一九八七年起，日本人均GDP開始超過美國，一九九五年甚至比美國高出四十八％。既然差距如此之大，那麼日本人會有「幫助美國」的高人一等感覺也就不足為奇了。

這一時期，我與家人曾經多次到歐美旅遊。倫敦克拉里奇酒店等過去只有王侯貴族才能住得起的飯店，我們也可以想住就住。

一九九二年一月發生的一件事似乎讓多數日本人更加堅定了，「日本比美國更強大」的感覺。時任美國總統的老布希（即二〇〇一年就任總統的小布希的父親）訪問日本，在歡迎晚宴中途突然感到身體不適，嘔吐到鄰座的宮澤喜一首相腿上，從椅子上跌了下來。

那時很多日本人的感想是：「美國總統倒下了，日本首相扶住了他。這正是當今美日關係的象徵。」人們普遍認為，日本比美國更強大。我那時也是同樣的感受。

圖 5-1　美日兩國人均 GDP 對比

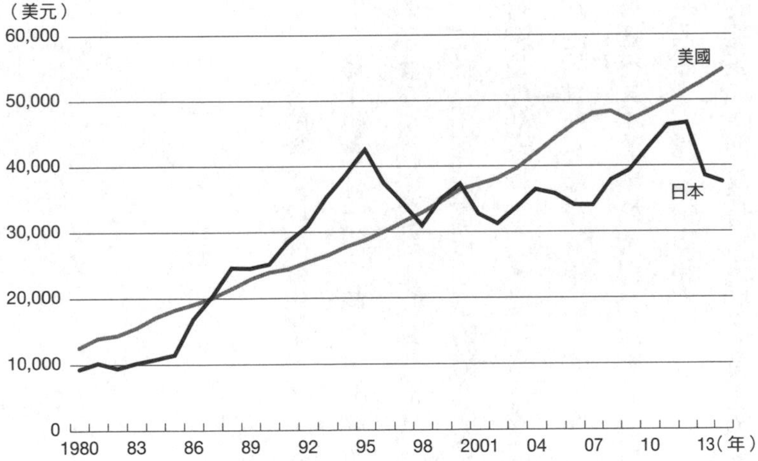

資料來源：IMF。

2

金融機構的不良債權問題

不良債權增加

股價和地價開始下跌的一九九〇年至一九九一年前後，接連發生了「伊藤萬事件」「富士銀行非法融資事件」及興業銀行的「尾上縫事件」等多起金融醜聞。

伊藤萬事件是指，在東京證券交易所上市的伊藤萬公司透過繪畫交易等形式，替黑社會相關人員提供非法資金的事件。該公司的社長由住友銀行委派的前高層管理人員擔任。富士銀行非法融資事件是指，該行職員偽造存款證明，從非銀行的信貸機構提取巨額貸款，並透過包括黑社會組織在內的其他公司投資不動產的事件。尾上縫事件是指，某高級日式餐廳女老闆從興業銀行等金融機構獲得高達數千億日圓貸款，進行金融及不動產投資，最終因投資失敗而走向詐騙的事件。

這些事件顯示出金融機構與地下社會之間的關係。事件當時，只是被當作個案來處理。大藏省作為監察主管機關也簡單地認為，伊藤萬事件源自於住友銀行，富士銀行非法融資事件源自於富士銀行，尾上縫事件源自於興業銀行，都只是個別負責人員造成的醜聞。然而事實並非如此，其他企業和金融機構也存在類似問題，只不過是仍然藏在水面之下而已。

一九九四年秋天，東京都政府與大藏省聯手對「東京協和信用組合」和「安全信用組合」進行檢查，發現這兩家金融機構存在巨額的不良債權。「二信組事件」由此拉開了序幕。

上述兩個信用組合的大部分不良債權都與ＥＩＥ國際公司有關。第四章第三節提到ＥＩＥ國際是由高橋治則擔任社長的度假村開發公司。泡沫經濟時期，該公司一直以日本長期信用銀行作為主要銀行。但因為一九九三年泡沫破滅，公司經營狀況惡化，日本長期信用銀行停止對該公司進行支援。但是因為高橋治則還擔任東京協和信用組合的理事長，其好友擔任安全信用組合的理事長，因此該公司轉而以這兩家金融機構作為資金來源，繼續經營。

因為這一事件，高橋被召至國會，以證人身分接受詢問，政治家及官僚接受過度款待的事實由此曝光。而且某個重大問題也被揭發出來，後文將會詳細敘述。

幾乎與「二信組事件」同一時期，住宅金融專門公司的不良債權問題也浮出水面。住專原本是專門負責向個人提供購屋貸款，七〇年代由銀行等共同出資設立的金融機構。但是進入八〇年代之後，由於各銀行本身也開始從事房屋貸款業務，住專失去市場，從而將重心轉向不動產投資領域。正如前文介紹的，由於住專不屬於一九九〇年限制銀行不動產投資的總量管制對象，因此住專在九〇年代之後仍然繼續增加對不動產的投資。

然而，地價下跌之後，大部分不動產投資都無法回收，成為不良債權。一九九五年夏天，大藏省對八家住專公司進行調查，發現了超過八兆日圓的巨額不良債權。

金融機構出現不良債權，需要在結算時將不良債權當成虧損來處理。但如果不良債權的規模過大，超過金融機構的自有資本時，金融機構就要宣告破產。於是貸款給這家金融機構的其他金融機構也會受到牽連，無法收回貸款，從而引發金融機構的連鎖破產。

住專的不良債權金額龐大，虧損額已經超過其自有資本，陷入破產狀態。那麼處理這些不良債權的負擔，應該由向住專貸款的金融機構承擔嗎？毫無疑問，應該由這些金融機構中出資設立各家住專公司的民間銀行承擔這些損失。

問題在於，還有農林中央金庫和各地方「信用農業協同組合聯合會」（簡稱信聯）等農林系統的金融機構，也向住專提供了巨額貸款。如果這些金融機構產生巨額虧損，又可能殃及向它們出資的各地農協。農協是自民黨的強大支持基礎，所以政府及自民黨絕不會允許發生對農協不利的情況。

這一時期，還有一件事也浮出水面。那就是，農林系統的金融機構獲悉住專經營狀況惡化，準備收回貸款時，大藏省曾經喊話：「住專的不良債權由其母公司的銀行承擔責任，不會讓農協產生損失。」才阻止了農協收回貸款。

一九九六年，住專問題成為國會重大問題，這一年國會被稱為「住專國會」。經過艱難交涉，最終決定超出農林系統金融機構承受能力的損失，由政府投入六千八百五十億日圓進行處理。

在這之後，金融機構的不良債權問題，接二連三地陸續被發現。一九九七年十一月，三洋證券和北海道拓殖銀行陷入破產狀態。

山一證券破產

一九九七年十一月，山一證券公司也出現了問題。該公司向大藏省報告，存在高達兩千六百億日圓的潛在虧損，沒有記入資產負債表中。當時山一證券的自有資本約為四千億日圓，虧損額已經超過資本額的一半以上。

為何會產生如此巨額的虧損？這與被稱為「營業特金」的機制有關。營業特金是指，客戶企業將資金託付給證券公司，交由證券公司負責進行投資。因為資金的運用完全由證券公司決定，證券公司可以賺取大量的交易手續費。與此同時，客戶企業的收益也能獲到保證。在類似交易中向客戶承諾，保障本金和收益的做法屬於違法行為，但營業特金卻默許承諾這種保障本金的做法。因此雙方一拍即合，保障本金被稱為「飯糰」。

將資金投資在股價下跌時就會發生虧損。然而證券公司實際上卻已經承諾保障本金。那麼該怎麼辦？本來證券公司應該做的是，公開資產運用的虧損，在財務上進行處理。

從事營業特金業務的並非只有山一證券，其他證券公司也有類似業務。在股票價格下跌時，它們都面臨同樣的問題。其他證券公司的處理方法是，將價格下跌導致的虧損部分計入公司的虧損，或者公開部分的損失，要求客戶企業也承擔部分損失。

但是山一證券隱瞞了虧損，選擇全部由自己承擔。為此，山一證券採用了「債務外帳化（作假帳）」的方法。也就是，山一證券向關係企業提供貸款，將價格下跌產生虧損的股票按照當初的買入價格，賣給關係企業。透過這樣的辦法，山一證券將損失轉嫁給關係企業，藉此隱瞞自己的虧損。

雖然這樣解釋聽起來很簡單，但在實際操作上卻非常複雜。很多粉飾作業需要運用金融衍生品等高難度的財務工程學。可以說正是因為山一證券的員工非常優秀才能做到。在接到山一證券的報告之前，大藏省也沒能看穿其中的玄機。

山一證券擁有如此優秀的員工，卻選擇依靠營業特金來賺取手續費，這實在令人惋惜。如果將技術與實力運用在正途上，山一證券肯定能成長為類似美國的投資銀行等金融機構。把先進的財務工程學利用來隱瞞虧損，只能說這是一個悲劇。

一九九七年十一月十九日，山一證券的野澤正平社長接到證券局局長長野龐士發出的自主停業建議，於隔周正式宣布停業。此時距離北海道拓殖銀行宣布破產才僅僅過了九天。

日本長期信用銀行破產

北海道拓殖銀行和山一證券等大型金融機構接連破產，導致整個日本社會籠罩在「下一個會是誰」的恐慌氣氛之中。其中最受人們關注的是日本長期信用銀行（簡稱「長銀」）。

長銀自一九五二年設立以來，一直是超級精英集團。大學畢業後如果能進入長銀就職，將是極大的榮譽。若非格外優異的學生是不可能被錄用的。長銀受到歡迎主要有兩個原因。

第一個原因是不必為招攬存款而傷腦筋。如果在一般的都市銀行就職，新進職員大都必須為了找人存款而騎著自行車跑客戶。但長銀等長期信用銀行透過發行金融債券來獲得資金，因此並沒有招攬存款的工作。無須鞠躬哈腰地請普通客戶或公司來存款，長銀只要把金融債券賣給地方銀行就能獲得資金。

另外，長銀籌措到的資金，主要用於向需要進行大規模設備投資的核心產業提供貸款，所以對這些核心產業處於優勢地位，退休後還有望空降到這些企業。

但這種情況在經濟高速成長期之後出現了巨大變化。正如第四章第三節介紹的，長銀需要改變原有的商業模式。因此必須付出更大的努力，但長銀為了輕鬆地獲得利潤，開始投資不動產及度假區的開發事業。

不動產泡沫破滅之後，這些投資紛紛變成了不良債權。一九九一年底，長銀內部確定整個集團的不良債權超過兩兆四千億日圓。高層的管理者們沒有將這些不良債權當成虧損處理，而是隱瞞了這件事實。其方法與山一證券相同，長銀設立旗下公司，將不良債權進行「債務外帳化」。具體做法如下：

當投資變為不良債權，長銀設立的旗下公司按照帳面價格購買借款方當初作為抵押的土地，讓借款方以此還清貸款。旗下公司向長銀貸款，獲得用來購買土地和建物的資金，在買來的土地上建起公寓出租出去，用租金向長銀償還貸款的利息。透過這些操作，長銀將不良債權成功地轉化為自己對旗下公司的健全債權。

乍看之下，問題好像奇蹟般地消失了，然而事實並非如此。仔細思考就可以發現，旗下公司在收購土地時支付的高價，與泡沫破滅之後的低價有多少差額，就產生了多少虧損。

在山一證券宣布破產的一九九七年十一月，鑒於不良債權和股價下跌的壓力，輿論認為長銀難以度過一九九八年三月底的結算。因此自民黨在十二月底，緊急公布了向所有金融機構注入三十兆日圓的救助計畫。長銀從中獲得一千七百六十六億日圓資金用來挹注自有資本。但長銀之後靠什麼業務來維持生存的這個根本問題，依然沒有得到解決。

長銀為了繼續從事國際業務，曾計畫依靠瑞士銀行的援助來增強資本額。但是一九九八年六月初，講談社的《月刊現代》雜誌刊登了關於長銀「債務外帳化」的操作，以及其經營危機的獨家報導，導致長銀股價驟跌。與瑞士銀行的合作計畫也因此告吹。

六月下旬，長銀方面突然宣布了與住友信託銀行進行合併的消息。但後來發現，實際上兩家銀行尚處於未達成協議的階段。在七月的參議院大選中，執政的自民黨大敗，在股票市場整體走低的形勢下，長銀股價跌破票面價值。

當時我曾經問過在長銀工作的朋友：「到底會怎樣呢？」朋友若無其事地回答：「已經無可救藥了。」他的淡定態度倒是讓我大吃一驚。

長銀與住友信託銀行的合併計畫也破局之後，在從七月到十月召開的臨時國會上，長銀救助問題成了最大課題。最終決定，讓長銀實施暫時國有化。另外一家長期信用銀行日本債券信用銀行也於一九九八年二月實施暫時國有化。

處理不良債權使國民負債十兆日圓

自從住專問題之後，政府為了解決不良債權問題，實施了許多救助的方式。不過住專之後的救助都採用了民眾極難察覺的方式。

長銀實施國有化，接受了為期十八個月的特別國家管理。在此期間，政府對其投入了總額超過六兆九千五百億日圓的援助。加上對青空銀行（前日本債券信用銀行）的援助，合計超過十一兆日圓，其中七兆七千六百二十二億日圓被確認為虧損。也就是說，為了這兩家銀行，國民承受了如此巨額的負債。

為了處理包括這兩家銀行在內的所有破產金融機構的不良債權問題，截至二〇〇三年三月底，國民負擔金額高達十兆四千三百二十六億日圓。平均每位國民負擔八萬日圓。按照一家五口來計算的話，就是每個家庭負擔了四十萬日圓。

但是這個事實並沒有在社會上引發任何疑義。在處理住專問題時，民眾得知投入六千八百五十億日圓援助時，立即強烈抗議：「為什麼要使用國家經費來救助民間企業？」大藏省事務次官因此被迫辭職。但是對高達十五倍以上的十兆日圓的國民負債，卻幾乎沒有人提出質疑。這是為什麼呢？

答案是，此次政府採用了國民難以發現的資金投入方式。在處理住專問題時，因為國民負擔金額明確地列在一般會計預算當中，所以引發了人民強烈的不滿。但在對住專之後的金融機構進行援助時，援助資金並沒有透過一般會計進行處理。這些援助是透過存款保險機構運用存款保險制度進行的。

根據存款保險制度，為了防止銀行破產導致存戶蒙受損失，要求各銀行預先計提保險費，以防萬一。政府利用這一機制，透過存款保險機構投入資金進行破產處理。這樣一來，國民就無法了解所投入的資金當中，到底有多少是屬於國民負擔的。

為了處理長銀、日本債券信用銀行等破產銀行的善後問題，政府投入了總計四十兆日圓以上的援助資金。五年後的二〇〇三年，人們得知「四十兆日圓資金當中，有十兆日圓無法收回，最終成為國民的負債」，但這時已經時過境遷，人們也早已忘了當年的情況。

二〇〇八年美國金融風暴爆發時，美國政府也同樣動用了財政資金來防止金融機構破產。這部分資金被明確記入聯邦政府的財政支出中。

當然這一措施也引發了激烈爭論。不過金融機構在一年之後就還清了此時接受的大部分資金。美國之所以能如此迅速處理，是因為美日兩國的金融結構不同。在美國，直接金融占有核心地位，主要依靠市場籌措資金，一旦發生信用危機，相關機構很快就會因資金周轉困難而破產。因此，金融機構陷入經營危機時，就必須立即採取措施，否則信用危機會在短時間內迅速擴大，局勢將變得無法收拾。

二〇〇八年金融危機時，有一些人說：「日本曾經處理過不良債權問題，日本的經驗是不是能傳授給美國？」要知道，日本花了整整十年才解決這個問題，而美國只用一年就擺脫了困境。還說日本「教一教美國」，我真不知道該如何回答。

約一百兆日圓無法收回

隨著地價下跌，日本的土地資產價值大幅縮水。日本不動產研究所的土地價格指數變化顯示，九〇年代初日本地價指數為兩百七十左右，到了二〇〇四年降至七十左右，十四年間下降到當初的三分之一以下（第二百四十一頁圖4-5）。除城鎮以外，包括耕地、山林等在內的土地資產總值由一九九〇年的兩千四百五十二兆日圓降至二〇〇四年的一千兩百四十五兆日圓，幾乎減少了一半。

當然這只是數值上的計算，並不代表日本實際失去了這麼多資產。高價購買土地的人後來因為地價下跌蒙受損失，但當初把土地賣給他的人卻獲得收益。不良債權也是同樣的道理，雖然債權方蒙受損失，但借款方卻被免除了債務。所以從整個日本來看，虧損和利潤是相抵的。

但是毫無疑問，高價買進土地或者無法收回貸款的人確實蒙受了損失。而且為了援助這些人，政府還投入了資金。那麼在這個意義上，國民的負擔金額是多少呢？為了處理破產金融機構的問題而投入的援助資金當中，毫無疑問，最終未能收回的十兆日圓是由國民負擔的。

除此以外，還有銀行當作虧損處理的部分。根據金融廳的資料，全國銀行的不良債權處理總額在一九九二年到二〇〇六年期間達到九十六兆七千八百二十八億日圓。四捨五入就是九十七兆日圓。銀行未能收回而不得不作為虧損處理的金額就有如此之多。

處理不良債權時的稅收做法

但是銀行在會計上，將不良債權當作虧損處理，與在法人稅中認列損失是不同的兩回事。

按照日本的稅收制度，在債務人未破產的存續期間，原則上不能將對其的不良債權認定為壞帳損失。也就是說，只是由於債務人陷入經營困境而無法收回貸款，在計算應納稅所得額時是不能扣除的。只有在債務人破產的情況下，不良債權才能被認定為壞帳損失。

而且根據不良債權核銷證明制度，金融機構在處理不良債權時，必須事前獲得大藏省金融檢查部的許可。

這個原則主要是為了防止有公司，惡意將不良債權當作逃稅的藉口。例如銀行向某企業提供貸款，企業聲稱「無法償還」。如果銀行決定將這個壞帳當作損失處理，在計算法人稅應納稅所得時，將這個損失扣除的話，銀行就可以透過這個方法輕鬆逃稅。為了防止透過這種操作來惡意逃稅的行為，稅法規定銀行不得輕易地將尚未破產企業的不良債權，認定為壞帳損失。將不良債權當作壞帳損失計算的話，比不當作壞帳損失計算時的應納稅所得更多，因此應該交納的法人稅也更多。這種情況叫作應納稅核銷。

稅法的上述原則構成了處理不良債權的障礙，導致出現了不良債權遲遲未能處理的問題。

一九九七年，為了推動不良債權的處理，不良債權核銷證明制度遭到廢止。從銀行來看，可以將不良債權當作壞帳損失處理，應繳納的法人稅就會跟著減少，也就是能夠進行免稅核銷，於是銀行開始積極處理不良債權。此項措施加速了不良債權的處理。

前文介紹的總計九十七兆日圓的不良債權當中，有稅核銷與免稅核銷各占多少比例不詳。但大部分應該都是透過免稅核銷的方式進行處理的。假設全部為免稅核銷的話，這九十七兆日圓按照法人稅實際稅率計算出的金額，就是銀行少繳納的法人稅金額。

當時日本法人稅的實際稅率約為四十％，乘以總金額九十七兆日圓，也就是三十九兆圓。因此法人稅的稅收減少了約三十九兆日圓。九〇年代之後，日本法人稅的稅收急遽減少，這也是其中的重要原因。這部分損失最終還是由國民負擔。

我並不是說擴大免稅核銷範圍的措施不對。為了加速處理不良債權，擴大免稅核銷的範圍確實是一種選擇。但這樣的話，就應該明確說明政策需要變更，為此修改相關的法令。如此重要的問題，必須符合程序才能被人們所接受。

但是，日本在決定擴大免稅核銷範圍時，卻沒有經過任何程序。免稅核銷的範圍擴大到多少也完全是依靠自由裁量來決定。稅法上禁止的事情，透過自由裁量予以許可，這種做法有違憲法規定的租稅法定主義這一重要原則，屬於十分嚴重的問題。我曾經在公開場合指出過這一點。

但遺憾的是，我的觀點受到了極大的壓力。而且我最為遺憾的是，他們只能對我施加壓力，卻找不到任何理論依據。直到最後，我提出的問題也沒有引起廣泛重視。

每逢重大問題，政府必須公開其發生的原因和處理的過程，並且進行充分的討論。後世的人們也可以由此學到有益的經驗。然而對泡沫經濟的善後處理，卻沒有這些過程。超過四十兆日圓的援助資金當中，有十兆日圓無法收回，法人稅收入減少了三十九兆日圓，我們卻沒有討論過這些情況的原因、過程，以及是非對錯。

當前的情況也與那時候頗為相似。

在異次元量化寬鬆的名義之下，日本銀行購入了史無前例的巨額國債。將來如果國債貶值，日本銀行極有可能產生虧損。在這種情況下，損失是要國民來承擔的。

但是關於這件事，政府卻沒有進行任何討論。

當政策可能給國民帶來巨大負擔時，必須以明確的方式向國民說明，並充分地討論其是非對錯。然而政府的做法卻是不動聲色地處理問題，以含糊曖昧的形式蒙混過關。這一時期對泡沫經濟的處理方式，就是一直延續到今天的量化寬鬆政策的惡習的原點。

3

陷入混亂的大藏省

大藏省醜聞

一九九五年「大藏省醜聞」曝光，大藏省因此陷入大亂。我的許多朋友和前輩也被捲入了這場騷動。

事件始於一九九五年三月ＥＩＥ公司社長高橋治則，以證人身分被國會傳喚。高橋在眾議院預算委員會上，招認了曾用私人飛機招待東京海關總長田谷廣明到香港旅遊的事實。高橋與主計局次長中島義雄的交友關係也被揭穿。田谷和中島二人因此受到大藏省警告處分，之後辭職。

從此以後，大藏省的醜聞就像潘朵拉的盒子，一件接著一件地被揭發出來。其中最具有代表意義的是「無內褲火鍋店」一詞。把這個詞寫進本書實在有傷大雅，它指的是銀行的「ＭＯＦ擔當」用來招待大藏省官僚的色情火鍋店。我認為大藏省正是被這個詞徹底擊垮的。

大藏省官僚接受招待的事件，以前也曾經有過。例如一九七九年日本鐵道建設公團在高級日式餐廳招待大藏省官僚的事件。再往前還有一九四八年的昭和電工事件，時任主計局局長的福田赳夫還曾因此被逮捕（一九五八年被判無罪）。

這些事件雖然也都成為重大問題，但還不至於動搖大藏省這個組織的根基。也可能是因為「鐵道建設」和「電工」這些詞的衝擊力沒有那麼大吧。然而在一九九五年的醜聞中，大藏省官僚接受招待的色情場所名字，使大藏省徹底失去了社會的信賴。名字具有至關重要的決定性作用。

在考慮一九四〇年體制的問題時，大藏省失信於民這件事具有相當重要的意義。因為一九四〇年體制從本質上講，就是不透過市場競爭來分配資金，而是由有關部門進行配給的體系。國民相信有關部門能夠「公平地進行分配」，這就是一九四〇年體制存在的基礎。一旦失去國民的信賴，這個體系就會面臨崩潰。

我向來十分討厭接受招待、參加晚宴（包括高爾夫）等活動。我去美國留學時期，正是與我同年代的人，擔任稅務署長的階段。雖然對管理者來說，稅務署長的職位是積累經驗的重要機會，可是如果當了稅務署長，就再難以推脫各種招待晚宴。我就是因為這個原因，才選擇去留學的。

我留學回國，在證券局業務科負責證券公司的相關工作，這是在泡沫經濟的十五年之前。九〇年代，證券局也有職員被逮捕。但我在那裡工作期間，一次也沒有接受過有關單位的招待。大概是堆在桌上的《美國經濟評論》之牆發揮了作用吧。

不過如果是在十五年後的泡沫經濟時期，在證券局任職的話，我可能也無法做到從不參加晚宴。沒有在那個時代身處那個場合，對我來說是一件幸運的事。

回顧過去，我也曾經無法徹底抵抗當時的環境。例如大藏省職員一起去吃午飯，之前都是大家交會費充當餐費，可是某一天起，就變成了誰都不再付會費了。也就是說，有別的什麼人替我們付了餐費。我也再沒交過會費，大家都不交，我也沒有堅持自己交會費。所以有時「環境」真的很可怕。

從大藏省辭職的中島義雄也是日比谷高中畢業的，還和我一樣都是在單親家庭中長大，所以我一直對他感到很親近。當媒體報導中島的醜聞時，我還無法接受這個事實，暗自認定「不可能有他們報導的那些事，一定是哪裡弄錯了」。所以對於他的引咎辭職，我有一種遭到背叛的感覺。

這就是當初剛進大藏省時，高木文雄秘書科長教導我們新進職員們「絕對不要做」的事。捲入大藏省醜聞的官僚們越過了不該越過的這條界線。

大藏省的名稱不復存在

二〇〇一年一月，名為大藏省的政府部門消失了。大藏省被拆散，金融業務由金融廳接管，稅收財政業務由財務省接管。這是中央政府部門重組的一環，現在的內閣府、總務省和經濟產業省等部門就是這時設立的。

實際上與我同屆的職員中，也有人以前就曾經指出：「大藏省中不應該設置銀行局和證券局。」因為「這些負責監督的業務有風險，容易產生官商勾結。大藏省就應該專門負責稅收財政業務」。在實際發生問題之前，就有人具有這種危機意識。從這一點上來說，大藏省被拆分為財務省和金融廳這件事本身，並沒有太大的問題。與此相比，大藏省的名稱不復存在的影響，還應該更大。因為，名稱很重要。

「大藏」這個政府部門的名稱，是一個不屬於日常用語的特殊詞彙。歐美國家的議會或者政府的實權部門，也有採用非日常用語當作名稱的情況。

例如，美國眾議院中最有權力的是決定稅收制度的歲計委員會。該委員會的英文名稱為Commitee on Ways and Means，而非Revenue Commitee。Ways and Means是「方法」的意思，但並非日常用語。

在日語中，將「大藏」這個非日常用語當作政府部門的名稱，也具有提高該部門威信的作用。把這個名稱改為財務省、金融廳等普通名稱，在這個意義上也就意味著剝奪了其特權。

不過，如果繼續深究的話，此次改名並不夠徹底。因為主計局和主稅局的名稱沒有更改。這兩個名稱也屬於非日常用語的特殊詞彙，主查和主計官也同樣如此。「當上主查或者主計官」具有特殊的含意，與「當上副科長或者科長」具有完全不同的意義。

還有一個小插曲，在討論重組中央政府部門時，有人提出：「大藏省是日本自從平安時代成為律令國家以來一直沿用至今的傳統用語，不可以隨意更改。」但這個觀點其實是錯誤的。日本作為律令國家，確實曾經設置了名為大藏省的政府機關。不過那是管理國有財產的部門，而掌管更重要的稅務實權的則是民部省，而非大藏省。

所以大藏省真正成為擁有龐大權力的政府部門，是明治維新政府以後的事。大藏省並非「自平安時代以來，延續了一千年以上的古老名稱」，而應該說是「自明治維新以來延續了一百年」。

排除政治上的人事介入

關於大藏省這個政府機構，還有一個特殊之處。那就是政治家無權干涉其人事任用事宜。

不過也有例外。就是一九六二年田中角榮擔任大藏大臣，獲得官僚信任和擁戴的那段時期。大藏省在傳統上與宏池會（由大藏省出身的政治家們組成的政治集團）關係緊密，但這一時期卻出現了一批與田中角榮關係密切的官僚。

其中之一就是當年錄用我的高木文雄。高木那時正處於角逐事務次官職位的競爭之中，他作為主稅局局長是第二候選人。第一候選人是主計局局長橋口收。二人的事務次官職位之爭，受到社會廣泛關注。因為橋口與福田赳夫關係密切，而福田赳夫創立了反對宏池會的清和會，是田中角榮的政敵。所以田中派的高木與福田派的橋口之爭，被看作是田中角榮與福田赳夫之間的代理之爭，成為媒體再好不過的報導題材。

競爭即將分出勝負的時期，當時的首相是田中角榮。按照大藏省的慣例，本來應該是擔任主計局局長的橋口收依次升為次官，但這次卻是主稅局局長高木當上了事務次官。顯而易見，這後面有田中首相的影響。

高木就任新一屆事務次官之後，立即在當年的預算編列中為田中效犬馬之力。在需要抑制總需求的經濟形勢之下，雖然田中主要政策中，列島改造計畫相關的預算被刪除，但大幅提高應納稅所得扣除上限的大減稅政策，卻獲得通過。

不過在這之後，政界並沒有繼續干預大藏省的人事任免。

田中內閣之後的大藏省成功地阻隔了來自政界的影響。這主要歸功於一九七五年繼高木之後，擔任事務次官的竹內道雄和一九七九年就任事務次官的長岡實。二人都具有強烈的危機意識，認為：「如果政治家插手介入預算編列及稅收制度的政府部門人事，將會產生嚴重問題。」

被命運捉弄的人們

回顧戰後的歷史，不難發現到這一時期為止，時代的主角都是比我年長的人們。五〇年代的戰後復興，是由那些我只能透過資料才能了解的人們擔任主角來推動實現的。六〇年代的經濟高速成長時期，主角也都是比我們年長很多的上一代人們，我們只是身為他們的幫手而已。

在八〇年代後半期的泡沫經濟時代，我們這一代的人終於成為時代的主角。我的朋友、之前的同事、比我稍微年長的人們、我在大學裡教過的學生們，都在政府機關、金融機構或企業裡處於主導地位，或者直接在第一線工作。

因此，我得以目睹了一些熟人被捲入事件的漩渦，遭受命運捉弄的情形。

無論是破產倒閉的日本長期信用銀行，還是被重組的都市銀行，都有我教過的學生在那裡工作。他們當中，很少有人從畢業進入職場到現在，仍然在同一個名稱的單位工作。大家都被捲入了時代的滾滾洪流中。

這些人當中，我特別想在這裡介紹兩個人。第一位是第一勸業銀行的前會長宮崎邦次先生。

我是在某個定期舉行的會議上認識宮崎先生的。他當時已經是該銀行的顧問，極具個人魅力。既坦率又親切，你完全無法想像他曾經身居高位，擔任過銀行的行長和會長。我這樣說可能不太恰當，他就像一位窮苦村落的老村長，感覺非常樸素和誠實。

這樣的宮崎先生，卻於一九九七年六月自殺身亡，這個消息令我震驚不已。

在那一個月之前，第一勸業銀行曾向「總會屋」（專門在股東大會上敲詐勒索的小股東）提供好處的事件曝光，其背後說明了第一勸業銀行與黑社會之間的多年關係。這大概就是宮崎先生自殺的原因吧。其實在他擔任第一勸業銀行行長的九〇年代，其他銀行以及銀行之外的許多企業，也都與黑社會有著密切關係。

宮崎先生很喜歡電影，曾經聽他說過：「下輩子想當電影評論家。」這是他一生嚮往的夢想。我曾經想過，如果能跟宮崎先生聊聊電影的話題，一定會很開心，可是我的這個夢想終究還是無法實現。

還有一位是日本債券信用銀行的最後一任會長，窪田弘先生。

窪田先生曾在大藏省擔任理財局長和國稅廳長官，以博學多聞著稱。許多人喜歡他溫良、誠實的性格，我也是其中之一。

一九九八年十二月，包括窪田先生在內的三名日本債券信用銀行前高層管理者，因為涉嫌作假帳，違反證券交易法而被逮捕，二〇〇四年五月被東京地方法院判決有罪。接下來在二〇〇七年三月，二審同樣判決為有罪。

包括我在內，很多人無法認可這個有罪判決。因為在窪田先生到日本債券信用銀行擔任行長的一九九三年，該銀行已經處於債臺高築、走投無路的狀態。窪田先生其實只是受託來收拾爛攤子而已。

如果要追究導致日本債券信用銀行破產的元兇，我認為是穎川史郎先生。他於一九八二年擔任該行行長，一九八七年就任會長，曾經下達擴大投資的豪言壯語：

「黑社會也沒關係，沒有擔保也沒關係，反正一定要把錢貸出去。」但是，穎川先生因為時效已過而逃過刑事起訴。據說一九九七年他退休時得到的退休金大約為六億日圓。

日本長期信用銀行的情形也大致如此。在泡沫破滅後的銀行破產問題上，真正導致銀行破產的人們並沒有被定罪。反而是窪田先生等人被迫當了代罪羔羊，遭到逮捕。

窪田先生後來上訴到東京高等法院，終於贏得了無罪判決。但那時他已經身患重病，幾年後就去世了。

製造業日落西山

在泡沫破滅的影響開始正式出現的九〇年代後半期，日本接連發生了多起社會事件。

一九九五年一月，關西地區發生阪神大地震。同年三月，奧姆真理教發動了「地鐵沙林毒氣事件」。這是麻原彰晃這位教祖創立的日本新興宗教團體，奧姆真理教在東京地鐵站內散布損害大腦神經的沙林毒氣，導致十多人死亡，約六千三百多人受傷的恐怖事件。

經濟動盪不安之餘，類似事件頻傳，日本與一九七三年第一次石油危機時一樣，籠罩在「日本已經不行了」的末日論之中。八〇年代還如日中天的日本，僅僅十年之後就陷入了如此困境。

不過，正如本章第一節提到的，雖然泡沫已經破滅，但一般人仍然認為日本很富足。一九九五年社會的氛圍已經有了很大的改變，但人們仍然沒有準確地掌握到這些變化的本質。

九〇年代，正當日本為了收拾泡沫破滅的殘局而自顧不暇時，世界經濟形式發生了重大改變。下一章將會詳細介紹，面對周遭環境的劇變，日本的產業，特別是製造業，未能採取適當的對策。這是因為，從事製造業的人們沒能認識到，日本經濟正面臨當重大的條件變化。一九九二年，我在《泡沫的經濟學》（日本經濟新聞社出版）一書的結尾寫道：「泡沫雖然已經破滅，但日本的製造業依然很強大。」相信許多日本人在這一時間點也持有與我相同的看法。現在回過頭來看，這個觀點是錯誤的。日本的製造業，當時面臨著比泡沫破滅更為嚴重的根本問題。

第四章介紹《美國製造》一書時，我曾指出研究者們，完全沒有看清日本與美國的製造業的未來。然而我自己也犯了同樣的錯誤。

日本的股票價格於一九八九年底達到歷史最高點，土地價值於一九九一年中期達到歷史最高價。不論是股價還是地價，直到今天還沒有恢復到當時的水準。後文還會提到，不僅是股價和地價，日本的薪資和實際匯率等多項經濟指標，也都沒有恢復到九〇年代的最高水準。

但美國的情形卻完全不同。為何會出現這樣的差異，下一章將對此進行探討。

第6章

前進中的世界把日本拋在腦後

1980

1 社會主義國家的滅亡

留有社會主義痕跡的前東德

八〇年代末期，日本正在被泡沫經濟搞得暈頭轉向時，世界開始發生劇變。其中之一是社會主義陣營的瓦解。正如第四章第二節提到的，一九八九年十一月柏林圍牆倒塌。

大約在德國統一的一年後，我搭車從漢堡到柏林旅遊。本來要去的是柏林，但我想趁機去舊東德地區轉轉，於是就在漢堡下了飛機。我在漢堡租了一輛汽車獨自開到柏林。回程又駕車從柏林前往法蘭克福，再從法蘭克福坐飛機回國。

英語把這種開會時順便去旅遊稱為「better half of the conference」。例如，要去英國開會時，回程順路去一趟義大利，機票價格也不會變，所以我經常這樣繞道旅行。

這一時期，前東德地區還留有許多社會主義時代的痕跡。越過原來的邊境，最先看到的是檢查站和瞭望塔的遺跡。路上除了高速公路的服務站，這裡與前西德的不同讓人大吃一驚。前西德不論哪裡的公共廁所都很乾淨，而前東德的公共廁所卻非常骯髒。連道路標誌也是，西德一邊的都很漂亮，而東德這邊的卻又舊又髒。還有石板鋪設的馬路，也彷彿從馬車時代就一直沒有修過。

住進飯店，發現這邊的飯店床很小，窗戶很高，給人的印象就像監獄一樣。去餐廳吃晚餐（還是入選米其林指南的餐廳），等了一個多小時還沒上菜。

但是也有好的方面。例如這裡有以前的薩克森－威瑪－艾森納赫大公國（Sachsen-Weimar-Eisenach）的首都，因歌德曾在這裡擔任宰相而聞名的威瑪市。當時這座城市還幾乎沒有什麼遊客，可以觀賞到讓人遙想起歌德時代光景的美麗公園。幾年之後我再來的時候，這裡已經徹底商業化，讓人非常惋惜。

德勒斯登基本上已經從第二次世界大戰後的廢墟恢復了原貌，但市中心有名的聖母教堂還仍然是斷壁殘垣。

這一時期，在前東德地區還留有蘇聯士兵。我心想萬一他們發起暴動那可就糟了，對此還很擔心。不過後來才知道，蘇聯士兵沒有撤走的原因是鐵路的運輸能力不足，沒有列車送他們回故鄉，以及蘇聯國內也沒有收容返鄉士兵的宿舍。士兵們滯留德國並非蘇聯為了保持對德國的影響，而是暫時還沒有辦法回去。那時的蘇聯已經衰退到如此地步。

布蘭登堡門附近有很多遊客，路邊有很多小小的攤位，大都販售一些皮帶、皮帶扣等蘇聯士兵的私人物品。可能是撤退的蘇聯士兵賣給他們換取零用錢的吧。

牆倒湖現

這次旅遊的幾年之後，我去波茨坦參加了一場研討會。冷戰時期，我在參加西柏林會議時曾去參觀過東德的波茨坦。第二次訪問這裡，我有了許多新發現。

首先使我深感意外的是，從柏林到波茨坦其實非常簡單。以前這段路程光是通過檢查站就得花兩個小時的時間，而現在坐電車還不到三十分鐘（柏林到波茨坦之間是歐洲大陸最早有火車通行的地方）。

還有一件吃驚的事，波茨坦竟然有一座美麗的湖泊。我以前來的時候並沒有看到這個湖。我覺得奇怪，就向一起參加會議的德國學者請教，他的回答更令我驚訝不已。原來冷戰時期，東德為了防止市民從這裡游往西柏林，就用圍牆把這座湖圍了起來。

湖的附近，過去原本是高級住宅區，東德時期由蘇聯秘密警察KGB接管過來，當作宿舍使用。我第二次去的時候，這些房屋正在辦理歸還原主的手續。

召開研討會的飯店前面有一條路，據說在柏林圍牆被推倒以前，每天都會有蘇聯的坦克在這裡巡邏。

這次研討會的參加者之中，有一位德國教授與我同齡。他告訴我二戰末期，他和母親一起冒著生命危險從東部地區逃了回來。聽到他的經歷，我強烈地感受到「他與我是同一代的人」。像這樣的話題，是無法與美國人談論的。

然而沒有出現「德國的時代」

那時，我曾經以為「今後就要變成德國的時代了」。因為在奧運上，西德與東德的獎牌數量加起來是世界排名第一。如果兩德實現統一，那麼在經濟上也會成為德國的時代吧。我對德國朋友講了這個想法，他們的反應卻是「不會變成那樣」。

確實，沒有變成那樣。這是為什麼呢？

首先，重建落後疲弱的東德經濟造成了沉重負擔。即使只是將石板路改建為柏油路，將高速公路的標識牌重新整修也會造成高額的財政負擔，將社會主義經濟體制變為資本主義經濟體制，其實就是要徹底改變餐廳裡，花一個小時也端不出飯菜的員工的工作態度。西德為此不得不付出難以想像的努力。

還有比這個更加根本的原因，在於德國的產業結構未能適應其後已經發生巨大改變的世界經濟環境。這與日本面臨的問題相同。到七〇年代為止一直十分強大的經濟體制，已經跟不上八〇年代、九〇年代的世界經濟的變化腳步。不論是日本還是德國，都未能適應新的世界經濟的環境變化。當時，這個情況還不是十分明顯。還要更久之後，人們才能清楚地認識到這一點。

2

中國成功實現工業化

這一時期，中國也發生了巨大變化。傳統的農業國家開始邁向工業化發展的道路。

北京車站看到驚人的一幕

一九九五年三月二十日，東京地下鐵發生沙林毒氣事件的那一天，我正在北京。這正是北京新舊交替、日新月異的時代。很多地方還能看見保持著過去風貌的胡同。北京這時候還沒有進入汽車時代，上下班的尖峰時段，路上擠滿了自行車。

當時我在北京車站還目睹了車站裡人滿為患的光景。很多人乾脆把墊子或棉被鋪在地上，住在這裡。

他們都是來自農村的「農民工」，來北京打工卻沒有找到適合的工作，沒有地方，就到車站，住在這裡。他們人數之多，幾乎擠到找不到落腳的地方。

正如第一章第一節提到的，現代化的建築物中，聚集大量平民而成為廢墟的情形，是我的噩夢之一。因為這會讓我想起第二次世界大戰結束不久後的東京。在北京目睹的這一幕，讓我留下了深刻的印象。

在過去，中國的農村人口和城市居民是嚴格區別的，人們不能隨意遷移到其他地方。但是隨著工業化的發展，對勞動力的需要急遽增加，因此逐漸放寬限制政策，來自農村的勞動力開始大量湧入城市。從此以後中國便開始以驚人的速度，朝工業化發展突飛猛進。

國有企業改革使改革開放路線步入正軌

中國的工業化發展始於一九七八年。鄧小平在十一屆三中全會上，提出改革開放、發展現代化的方針，政策發生了歷史性轉變。從此以後，中國進入了一個全新的時代，「改革開放」成為其基本路線。

為了發揮市場對經濟的調節作用，中國政府於一九七九年在深圳、珠海、汕頭和廈門設立了經濟特區，於一九八四年在上海、天津、廣州和大連等地設立了經濟技術開發區。這些區域積極吸引來自華僑和歐美國家的投資，推動經濟發展。

不過這一時期的改革開放還只是在政治領域提倡，在經濟形態上並未出現顯著的變化。當時的國有企業也還具有社會主義體制下的共同問題。

到了九〇年代中期，中國開始推行國有企業改革。過去，幾乎所有的產業都是由國家經營，但改革推動核心產業的大型企業，在國家掌握主導權的基礎上，以股份公司的形式上市，其他企業也開始推動民營化。

改革政策成功，使中國的產業獲得活力。鋼鐵產量是衡量一個國家重工業化程度的指標，一九九五年中國鋼鐵產量約為一億噸，與日本大致持平。之後中國的鋼鐵產量迅速增長，很快就超過了日本。二〇一四年中國鋼鐵產量高達八點二億噸，在世界上占有絕大部分的市占率。繼鋼鐵產業之後，中國的汽車製造業也從二〇〇〇年開始真正發展起來（第九十四頁圖2-3、第二百零三頁圖4-1）。

高科技的新企業誕生

九〇年代末期，在家用電器、ＩＴ及汽車等領域，多家新興企業陸續在中國誕生，並快速成長。

家用電器行業的海爾集團、電腦行業的聯想集團都以驚人的速度發展，通訊設備領域的華為技術公司，以卓越的技術開始受到世界注目。

在網際網路方面，也誕生了經營電商業務的阿里巴巴和做搜索引擎的百度等多家新創企業。

在汽車製造業方面，中國過去主要依靠國有企業與俄羅斯的技術合作進行生產。八〇年代以後，以中國三大汽車製造公司之一的上海汽車與大眾汽車公司的合作為開端，九〇年代陸續誕生了多家與海外合資的企業，它們透過吸收國外的尖端技術得以快速發展。目前中國汽車生產廠商超過一百家，汽車製造數量也在二〇〇九年超過日本，成為世界第一（第二百零三頁圖 4-1）。

值得注意的另一個潮流，是一些接受委託組裝電子產品的ＥＭＳ（Electronic Manufacturing Services）企業的發展。目前世界最大的ＥＭＳ企業，富士康公司是臺灣鴻海精密工業公司在中國設立的工廠，以承接蘋果公司產品的最後組裝工作而聞名。據說其員工人數超過百萬，以超越常識的規模進行大量生產。

如上所述，中國製造業在各個領域都發展迅速。隨著中國成為世界工廠，世界經濟也發生了巨大的變化。

在九〇年代，一般日本人對中國的製造業印象，恐怕只有「依靠廉價勞動力，模仿已開發國家產品，大量生產廉價劣質產品」而已。即使現在，認為「中國的技術很了不起」的人，恐怕也不太多吧。

但實際上已經發生了巨大變化。中國的生產公司，正投入遠遠超過日本同行的巨額研究費來研發新產品，在世界各國設立研究基地來發展技術，在技術上也已經開始凌駕日本企業。

例如二〇一一年東日本大地震導致的福島第一核電廠事故中，在向原子爐注水時，使用了被稱為「大長頸鹿」的巨型起重機。這就是中國的機械設備廠商三一重工製造的。日本製造不出來的東西，中國卻能製造。不過大多數日本人並不喜歡這個事實，日本的媒體也沒有對此做太多報導。

3　ＩＴ革命為經濟活動帶來重大變化

ＩＴ革命意味著成本急遽下降

從八〇年代到九〇年代，全世界的技術體系都發生了重大變化。這就是ＩＴ（資訊通訊技術）革命。

八〇年代之後，過去依靠大型電腦進行的資訊處理，開始由小型個人電腦來處理。在通訊方面，九〇年代之後，網際網路的利用也開始漸漸普及。

從經濟方面的觀點來看，ＩＴ革命的意義在於它大幅降低了資訊處理的成本和通訊成本。這個變化對小型組織與大型組織的實力差距，帶來了重大影響。過去，只有大型企業、政府和大學，能使用價值數億日圓的大型電腦。這些組織在資訊處理能力上具有絕對優勢，中小企業和個人無法與之抗衡。而且，進行大量且高速的資料通訊需要用專用線路，這也極為昂貴。

但ＩＴ革命消除了這些差距。個人和中小企業及大型企業在資訊處理方面，變得平等起來，讓大家開始在同等的條件下競爭。

在一些技術飛速進步的領域，甚至出現了逆轉的局面。因為小型企業能更迅速調整企業政策和決定，比遲鈍的大型組織更能快速地對環境變化做出反應。因此許多新興創業公司得以在短時間內迅速成長為世界規模的大型企業，這種現象多次發生在美國的矽谷等地。

到了九〇年代，網際網路普及之後，通訊成本幾乎降為零，企業間的競爭條件也產生了更多變化。距離對經濟活動的限制越來越小，薪資水準較高的美國企業，開始將服務業務外包給愛爾蘭和印度等國家或地區。

製造業由垂直整合型走向水平分工

上述改變對製造業的生產方式產生根本性的變化。全世界都出現了，從垂直整合型走向水平分工的趨勢。

一直以來，製造業的主流生產方式是從開始到最後的所有製程。也就是「垂直整合型生產方式」。

但是中國等新興國家的工業發展迅速，而且通訊成本降低，使中小企業也具備了較高的資訊處理能力，因此變得更容易讓多家企業透過市場進行分工合作。在這種生產方式之下，不再由一家企業完成所有製程，而是由不同企業分別負責自己最擅長的領域。這種多家企業互相合作，如同一家企業一樣從事製造的生產方式叫作「水平分工生產方式」。

這種生產方式一開始最先在電腦的製造業中獲得普及。例如由微軟公司生產作業系統，由英特爾公司製造中央處理器，然後再由戴爾或者康柏等公司進行組裝。第四章第一節曾經提到八〇年代，日本的電腦市占率，主要由國內的廠商取得優勢，當時採用的是垂直整合型生產方式。但是隨著水平分工生產方式在電腦製造行業的發展和擴大，日本廠商未能採取有效的因應措施，在短時間內失去了市占率。

最近，蘋果公司的水平分工生產方式，受到全世界的注目。蘋果公司只負責商品開發設計和銷售等，位於最開始和最後階段的業務。世界各地的企業根據蘋果公司的設計生產零組件，蘋果公司再從市場上購買後，交由富士康在中國組裝成品。隨著這種世界規模的新型生產合作關係的發展壯大，專門在特定領域集中發展的企業，得以迅速成長，超越了採用垂直整合型生產方式的企業。水平分工生產方式成為製造業的新商業模式。

4

九〇年代以後，日本逆風而行

日本經濟的根基產生動搖

九〇年代以後，同時出現了新興經濟體的工業化發展、資訊通訊技術革命，以及由此導致的商業模式變化。這些經濟條件的根本性變化，動搖了日本經濟的根基。中國擁有來自農村的大量廉價勞動力。所以在製造業方面，尤其是重工業和組裝製造業方面，中國由於成本低、效率高的優勢成為世界工廠。圖 2-3（第九十四頁）和圖 4-1（第二百零三頁）也說明了這一點。

由於中國在大量生產領域上，搶走了大部分的生產製造業務，全世界的工業產品價格都出現下降趨勢。因此，那些仍然在日本的製造基地進行生產的企業，逐漸在成本競爭中敗下陣來。日本企業也開始在中國及其他亞洲國家設立製造基地，在當地進行生產。

在這種環境變化之下，已開發國家應該向蘋果公司學習，避開製造過程中的成本競爭，專注於附加價值較高的研發領域，與擁有廉價勞動力優勢的中國企業，採用不同的生存之道。

另外，技術已經大幅領先的ＩＴ相關服務和諮詢等，以企業客戶為目標客層的服務業，也是已開發國家可以發揮優勢的領域。但日本式的大型企業對這些領域並不擅長。

時代發生了巨大變化，而日本企業卻沒能跟上時代的步伐。其重要原因在於：「日本式企業組織的基礎條件適合的是一九四〇年體制，因而無法適應八〇年代和九〇年代誕生的新型資訊通訊技術體系。」因此日本的整個社會並未享受到ＩＴ革命這一重大技術進步所帶來的好處。

從這個意義來說，始於八〇年代的世界經濟巨大變化，對一九四〇年體制來說是本質上的逆風。

我也沒有看透變化的意義

世界發生這些翻天覆地的變化，對日本來說意味著什麼，很遺憾我也沒能準確地看透這一點。雖然我很早就開始使用電腦和利用網際網路工作，切身感受到它們所帶來的變化，但這會給社會帶來怎樣的變化，我卻完全沒能預測到。

九〇年代，關於愛爾蘭經濟在九〇年代取得令人矚目發展的原因，我曾經與愛爾蘭經濟學家進行過探討。在八〇年代中期以前，愛爾蘭的實質GDP成長率最高不過三%左右，有些年份還曾經出現過負成長。然而，從九〇年代中期到二〇〇〇年前後，愛爾蘭實現了持續十%左右的經濟成長，被稱為「凱爾特之虎」的經濟奇蹟。其原動力正是IT革命給世界經濟環境帶來的變化。

當時與我一起討論的愛爾蘭學者說：「在常規的製造業時代，愛爾蘭沒能獲得發展。但是名為IT的新型技術體系的出現，改變了世界。」愛爾蘭由於國土面積狹小，無法建造大型鋼鐵廠或大規模的汽車組裝廠。在傳統的重工業時代，愛爾蘭很難推動工業化的發展。但是到了九〇年代，IT革命改變了世界經濟環境，一直以來沒有主要產業的愛爾蘭，迎來了發展的契機。再加上教育水準較高、薪資水準較低、使用英語等有利條件，世界各地的服務產業迅速聚集到了愛爾蘭。

對愛爾蘭經濟學家的這些觀點，我覺得確實如此。但我那時卻沒有充分認識到，同樣的經濟環境變化，對日本和德國等傳統工業國家來說卻是不利的條件，特別對日本經濟更會造成沉重打擊。

當時我為什麼沒有看到這一點？在八〇年代後半期的泡沫經濟之前，時代的特徵一清二楚，但泡沫經濟之後為什麼就變得模糊不清了呢？後文將探討這個問題。

5 日本陷入長期停滯

美國沒有工廠

二〇〇四年到二〇〇五年期間，我以史丹佛大學的客座教授身分，在加州的帕羅奧圖居住了一年。這裡就是ＩＴ革命的中心，被稱為「矽谷」的地區。

這一年裡，我從未見過一座冒著黑煙的工廠。這個地區過去並非一直如此，加州是美國製造業的核心地區之一，特別是軍需產業曾經在美國排名第一。這裡也有一些地方，過去曾經是福特公司的汽車工廠，如今卻變成了購物中心。這就是本章第四節介紹的世界性的水平分工帶來的改變。我回到日本之後搭乘新幹線，看到從東京到大阪沿途都是工廠，不禁感歎差距之大。

說到世界性的分工，我在矽谷還切身感受到美國與印度的分工。在聖荷西有一家思科系統公司（Cisco System, Inc.），他們的路由器產量位居世界第一，這家公司附近有很多印度人。

如果撥打這家公司的電話，一定是印度接線生接聽的。而且接電話的不是身居美國的印度人，而是在印度的印度人。如今美國人對此已經習以為常，每天都會向印度撥打很多電話。

日本淪為「其他」

我在史丹佛大學教授日本經濟課程，有一名來自中國的女學生也參加了我的研究班。她屬於被稱為「八〇後」的一代人。「八〇後」是指一九八〇年以後出生的年輕一代。他們是中國歷史上第一批能夠普遍接受高等教育的一代人。我的這名學生也非常優秀。

環顧史丹佛大學的校園，我發現增加了許多中國留學生，卻毫無日本人的蹤影。回想起八〇年代，日本留學生曾經作為一大勢力，活躍在校園裡的情形，讓人覺得恍若隔世。

我查了一下史丹佛大學留學生處提供的統計資料，結果發現一個令人吃驚的事實。

八〇年代，來自日本、中國、韓國的碩士及博士留學生，大致都是一百至一百五十人。但是從這之後，來自日本的留學生開始減少，而來自中國的留學生則迅速增加。二〇〇三年，中國留學生已經超過四百人，而日本留學生卻不到一百人。雖然說中國人口眾多，留學生人數多於日本也不足為奇，但使我感到震驚的是，韓國總人口還不到日本的四成，留學生人數卻已經超過三百人。

幾年之後，我再次查看了同一個統計資料。來自中國、韓國的留學生人數仍然在不斷上升。那麼日本呢？日本竟然被分類到「其他」的項目當中，已經無法掌握準確數字。日本已經淪為「其他」！這比二〇〇三年的統計數字更讓我震驚。

以上這些都說明「日本被拋在後頭的大趨勢已經開始」。在日本國內，人們沒有什麼機會能感受到這一點。

現在的世界不同於日本高速發展的時代。在當今的環境裡，一九四〇年體制已經無法發揮作用。不擺脫一九四〇年體制，日本就不可能在新的世界經濟環境中獲得優勢。

九〇年代中期是日本經濟的顛峰

日本的經濟正在走向下坡，這個事實可以透過各種資料獲得證明。

如第二章的圖2-1（第九十一頁）所示，日本的實質GDP成長率在八〇年代是四％左右，而九〇年代的很多年份只有二％，或者更低。

圖6-1這份製造業的銷售毛利率

圖 6-1　銷售毛利率之變化

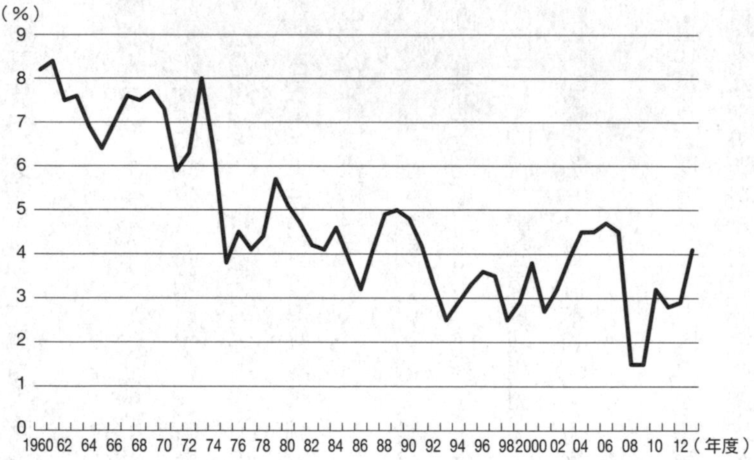

註：指製造業整體規模。

資料來源：法人企業統計。

變化，也顯示了同樣的趨勢。在八〇年代，毛利率為四%左右，九〇年代以後則降到三%左右。只有二〇〇四～二〇〇七年以及最近的日圓貶值期間，毛利率才會高於這個水準。日本企業只能在日圓貶值時期，因為以日圓統計的銷售額增加，使毛利率看上去有所增加，此外已經很難提高毛利率。

如圖 6-2 所示，日本的薪資水準也是在九〇年代中期達到頂點，以後一直呈下降趨勢。

圖 6-3 顯示了日本礦業生產指數

圖 6-2　薪資指數（現金收入總額）之變化

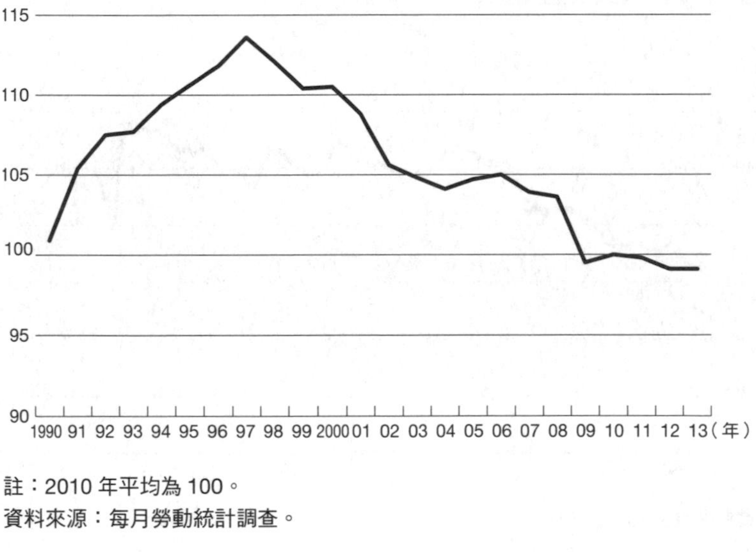

註：2010 年平均為 100。

資料來源：每月勞動統計調查。

的長期變化。該指數在九〇年代初期之前，一直保持上升趨勢，之後則幾乎在一定水準附近停滯不前。在日圓貶值的二〇〇五年及二〇〇六年前後，曾經有短暫的增加，但二〇〇八年的金融海嘯之後再度下降。

另外一個值得關注的是匯率。如圖6-4實際匯率指數的變動所示，透過考慮各國物價上漲差距進行調整之後的實際匯率指數可以發現，日圓匯率在九〇年代中期達到約一百四十的頂點之後，一直呈下降趨勢（實際匯率指數

圖 6-3　礦業生產指數

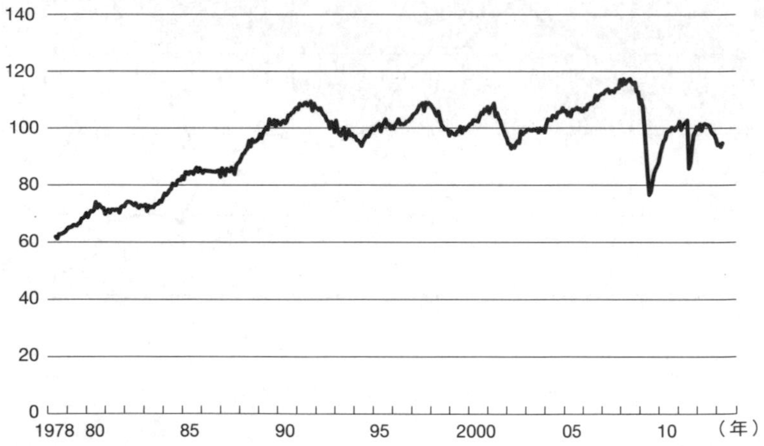

資料來源：經濟產業省。

數值越大代表日圓價格越高）。

也就是說，以九〇年代中期為分界點，之前的日圓升值趨勢開始逆轉為日圓貶值趨勢。

前幾天，我在調查日本的出版統計資料時吃驚地發現，書籍的銷售額也是在一九九六年達到最高點。現在的書籍銷售額僅為一九九六年的三分之二左右。這意味著，除了我們一般所說的經濟活動領域之外，就連知識文化領域也是在九〇年代中期達到頂點。

準確地說，知識文化領域銷售

圖 6-4　實際匯率指數之長期變化

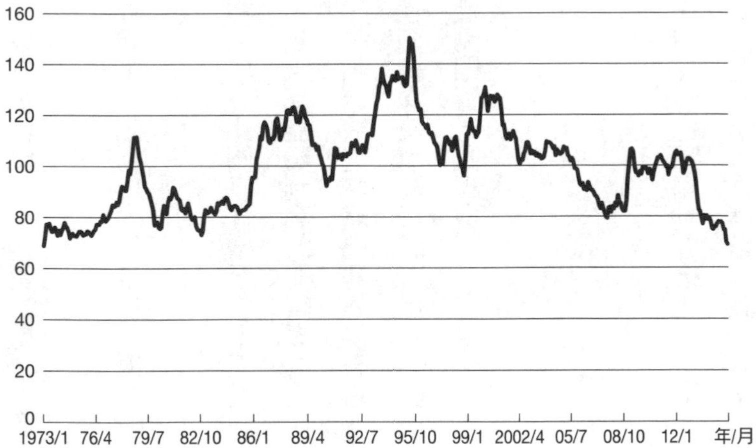

註：2010 年實際匯率指數為 100。

資料來源：日本銀行。

額「減至三分之二」的縮減程度要比GDP等經濟活動的衰退更加嚴重。我們需要認真地思考，這個事實代表著什麼意義。

第四章第一節提到：「八〇年代我從國外回來，感到日本的年輕人很多。」可是現在，我的感受卻恰好相反。

二〇一三年，日本六十五歲以上人口占總人口的比例已經增至二十五點一％，將近是總人口的四分之一。現在去度假場所，到處都能看到高齡的銀髮族。而且飯店等設施也都還是經濟高速成長時期的老樣子，由於缺乏修繕已經變得破舊。八〇年代，邀請國外學者來日本參加研討會時，我們經常使用箱根或者伊豆的飯店裡的國際會議室。如今看到這些設施冷冷清清地遭到閒置，我總會感到非常失落。

經濟停滯的原因並非通貨緊縮

綜合以上所述，各種指標都在一九九五年前後到達頂點，之後開始下滑，直到現在。日本經濟一直維持下跌趨勢，這是在一九九五年，也就是「戰後五十年」的時間點，誰都不曾預料到的。這是在那之後，也就是在戰後五十年到戰後七十年的二十年期間產生的顯著現象。

這二十年期間，許多日本人都有一種危機感，擔心「九〇年代中期以後，日本經濟似乎狀態不佳」、「莫非日本經濟正在衰退」。

問題是，為什麼會出現這種情況？一般的觀點是：「原因在於通貨緊縮。」人們認為，由於股價與地價下跌，引發了不良債權問題，導致金融系統

圖 6-5　1950 年代以後之消費者物價指數上漲率

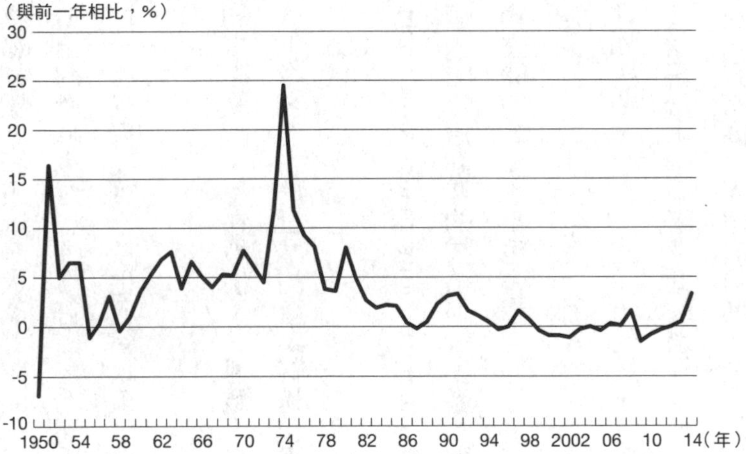

註：本圖資料為扣除自有房屋的設算租金之外的全國綜合物價指數。
資料來源：總理府，消費者物價指數。

癱瘓，使日本經濟陷入衰竭。由於消費者物價指數不斷下降，大家都認為「以後再買更划算」，所以放棄馬上購買。企業製造出的產品也無法高價售出，毛利率因而下降。因此，日本衰退的原因在於通貨緊縮。所以只要實施量化寬鬆政策，提高物價，日本的問題就能迎刃而解。

但這樣的觀點是錯誤的。日本經濟蕭條的根本原因，不在地價下跌導致不良債權問題遲遲未能解決，也不在於消費物價指數下降，而在於日本的產業結構和經濟體制不再適應新時代的需求。

經濟學中有「要素價格均等化定理」（factor price equalization theorem）。也就是說：「在進行貿易往來的世界，如果兩個國家採用同樣的技術進行生產，即使勞動力等生產要素不跨越國境往來交流，兩國之間的薪資水平也會趨向均等。」依照這個理論，如果中國發展工業化，與日本開展同樣的生產活動，那麼從長期來看，日本的薪資水準也將不斷下降到與中國相當的水準。這正是九〇年代以後，現實世界發生的各種問題的本質所在。想要避開這個薪資水準不斷降低的過程，唯一的方法是開拓中國所沒有的經濟活動。換句話說，只有高生產率的新興產業才能解決這個問題。

但令人遺憾的是，至今仍然有許多人認為，日本經濟的問題可以透量化寬鬆政策得到解決。這才是日本無法擺脫長期停滯的根本原因。

6

二十一世紀，日本的歷史停下了腳步

日本為美國房地產泡沫提供資金

九〇年代以後，美國在經濟活動中積極引進IT革命，構建起以先進服務產業為中心的新型經濟結構。不過也有過度的一面，所以使美國的住宅價格出現泡沫。

二〇〇四年起，我曾在美國加州生活了一年。這裡既是IT革命的中心，也是住宅價格泡沫化的中心區域之一。因此，我有機會親眼見證到美國住宅價格不斷上漲的實際過程。

那時每天送到家裡的報紙中總是夾有大量廣告傳單。多是色彩鮮豔的住宅廣告，上面刊登著待售住宅和負責人員的照片，以及住宅價格。我的住處附近隨處可見新房屋拔地而起，從帕羅奧圖到卡梅爾的路上，過去荒無人煙的地方也建起了嶄新的住宅。

那時美國每天都沉浸在房地產泡沫的狂歡氣氛之中。只要從每天收到的大量房地產廣告中，看看那難以置信的價格和房價急遽上漲的速度，就能明顯地看出這是泡沫。不過，那時矽谷的ＩＴ產業正在迅速成長，其顯著的成績使人們無法感受到泡沫的存在。

雖然房價已經夠高了，但只要它繼續上漲，賣掉買來的房子就可以輕鬆賺到差價。人們以為：「反正會漲價，買多貴的住宅都沒問題。」從銀行也可以輕易借到房屋貸款。其中還有人預測將來房價會繼續上漲，把這一部分也額外加進貸款金額當中。因此就產生了以下的奇妙現象，也就是透過房屋貸款拿到手的錢，比實際房款還要多，買房的人又用多餘的錢買了汽車。因此，汽車的銷售數量也跟著大幅成長。

這一時期美國銷量最好的是豐田汽車。加州路上行駛的大都是豐田汽車。我也買了一輛豐田汽車。因為回日本時，豐田汽車更容易賣出去。

美國的房價上漲帶動了豐田汽車的銷量。因此日本的出口增加。所以，日本的貿易順差增加與美國的房地產泡沫有著緊密的關係。

不只如此。日本出口賺來的利潤還會以資本輸出的形式，再度流向美國。雖然無法透過統計來查明這些流回美國的資金的具體用途，但毫無疑問，其中的一部分被用於購買住宅。

美國的經常收支產生赤字，並不能全都怪罪於日本的資本輸出。從中國和中東產油國等流向美國的資本金額也十分龐大。換句話說，美國向全世界借錢，用來購買房產和汽車等，維持著舒適富足的生活水準。這樣的生活接下來又增加了美國的進口，因此世界各地的資金源源不絕地流向美國，又從美國回到各國。這個迴圈就是房地產泡沫時期，美國經濟和世界經濟的基本結構。

當時，為了抑制房價上漲，聯邦儲備理事會（FRB）採取了金融緊縮政策，但市場利率卻並未隨之上漲。當時的聯邦儲備理事會主席葛林斯潘將這種情況稱為「謎」（riddle）。來自世界各國的資金源源不斷地流入美國，所以美國國內實施金融緊縮政策也未能見效。美國的房價泡沫不是一國內部發生的現象，其背後是世界規模的資金迴圈機制在作祟。

還有一點值得注意，儘管當時日本的豐田汽車暢銷，占據了美國的大街小巷，但美日之間卻並未發生貿易摩擦。這與廣場協議時的情形截然不同。

一九八五年簽訂廣場協議，日本汽車席捲美國市場是一個重要原因。但是二十年後的二〇〇四年和二〇〇五年，豐田汽車銷量增加卻未引發任何問題。

這是因為與二十年前相比，美國的產業結構已經發生了很大變化。當然美國仍然擁有汽車產業，但與從前不同的是，如今的汽車產業在美國經濟中已經不再占有重要地位。蘋果公司等水平分工式製造業、谷歌等新興ＩＴ服務產業，以及金融領域的成功發展，成了美國的核心產業。汽車產業的衰退已經不再是左右美國政治的重要問題了。

飲鴆止渴：製造業因日圓貶值而回歸日本

二〇〇四年，日本進行了大規模的干預外匯，其結果就是日圓不斷貶值。日本國內的製造業藉此得以暫時好轉，恢復了獲利的能力。甚至被認為已經難以為繼的重化工產業的經營狀況也出現好轉，之前已經奄奄一息的新日鐵公司也奇蹟般地起死回生。以前大致徘徊在年均一億噸水準的鋼鐵產量，也在這一時期有了顯著成長（第九十四頁圖2-3）。

電器產業出現了將工廠遷回日本的傾向。夏普分別於二〇〇六年在三重縣龜山市、二〇〇九年在大阪府堺市啟動了大型液晶電視機工廠。松下電器也於二〇〇七年和二〇〇九年在兵庫縣尼崎市增設了電漿電視的生產工廠。

對於這個趨勢，我強烈地感到不對勁，有一種「不可思議」的感覺。日本出口產業的毛利率情況好轉，完全是日圓貶值帶來的。所以看到工廠回歸日本的現象，我相信：「這是錯誤決策，是與從長期來看的時代變化趨勢背道而馳的。」

在不久之前，日本的眾多廠商還都因為苦於業績不振，而紛紛將生產基地遷往海外。可是日圓剛開始貶值，潮流就馬上逆轉過來。我對企業的這個決策變化感到不解，更加懷疑「日本企業的高層管理者，是不是從來不關心世界經濟潮流的重大變化」。我將這些觀點寫進了二〇〇六年和二〇〇七年由鑽石社出版的《日本經濟真的復活了嗎》及《製造業幻想將會毀掉日本經濟》這兩本書裡。

正如我所擔心的，幾年之後，無論是夏普還是松下電器的電視機部門都出現重大虧損，陷入了危及企業存續的情況之中。日本電器生產廠商在國內增建工廠的做法一敗塗地。不過，我也是到了之後才確信「日本企業未能適應世界經濟環境的變化」。二〇〇八年秋季日本因金融危機的影響，出口銳減，之後我開始認定這個觀點沒有錯。

二〇一一年日本的貿易收支轉為赤字，直到今日仍然是貿易赤字狀態。對此，一般的解釋是：「東日本大地震以後，日本停止核電業務，導致能源方面的進口增加。」不可否認，這的確是原因之一。但最根本的原因還是日本的製造業未能適應世界經濟環境的變化。

二〇〇五年和二〇〇六年日圓貶值時期，日本的企業經營者心裡都藏著一個願望：「只要日圓貶值，日本就能重拾往日的輝煌。」日圓貶值成了麻醉人們神經的毒品。不去追究衰退的真正原因，只追求短期的利潤好轉，這種治標不治本的敷衍做法如今已經變得極為普遍，我對此感到十分不理解。

房地產泡沫的破滅與全球金融危機

美國的房地產泡沫於二〇〇七年破滅。其原因是與房貸有關的金融產品價格暴跌。由於房產價格下降，不能按期償還房貸的情況急遽增加，導致以房貸為基礎的證券化產品市場價格暴跌。這次危機又被稱為「次貸危機」，因為引發問題的房屋貸款多為提供給低收入人群的次級抵押貸款。

之後，美國房價繼續下跌，導致銷售與房屋抵押貸款相關之金融產品的機構陷入經營困境。終於在二〇〇八年九月，美國老牌投資銀行之一雷曼兄弟控股公司（Lehman Brother Holding Inc.）宣告破產。信用危機籠罩了整個美國金融市場，並迅速蔓延到全世界的金融市場。這就是導致世界金融危機的「雷曼危機」。

此時美國政府迅速投入七十兆日圓資金來救市，表明了阻止金融機構產生連鎖破產的決心，以此來安撫市場的恐慌。政府的援助以貸款的方式進行，如第五章第二節所述，各主要金融機構幾乎只用一年時間就全部還清了。美國在極短時間內對這次嚴重的金融危機採取了有效對策。因此，在五年之後的二〇一三年底，美國基本上已經消除了二〇〇八年金融危機的影響。此次金融危機基本上沒有對日本的金融機構帶來什麼影響（因為日本沒有對金融衍生商品進行投資）。但日本的出口產業卻因此受到巨大衝擊。

受金融危機打擊最重的是日本製造業

二〇〇四年到二〇〇七年，在金融危機之前的這段時期，日圓一直不斷貶值。於是出現了大量利用日圓的低利息進行日圓貸款，再將日圓換成美元進行投資的「日圓套息交易」。為了促進日本的資金流入美國，日圓被人為操作貶值。

然而金融危機之後，投向金融衍生商品的資金被收回，重新流向日本。資金流向很快逆轉，日圓開始急遽升值。日圓升值加上美國市場縮小，日本的出口產業受到了毀滅性的打擊。受金融危機的影響，日本股票價格暴跌，豐田汽車公司的股價走勢多次出現直線下跌。股價陷入了垂直下降的自由落體狀態。

金融危機波及製造業，因此廠商紛紛公開要求政府給予補助。例如節能環保汽車制度就是對汽車產業的補助；傳統電視播放方式被強制轉為地面數位廣播方式也是為了輔助電器產業，促進換購電視機的消費。還有，提高就業調整補貼的支付上限，也是為了幫助企業繼續雇用過剩的員工。

在經濟高速成長時期，日本曾經對農業部門實施過直接的補貼政策，現在製造業要求完全相同的待遇，政府就給予直接補貼。對此，幾乎沒有出現任何反對意見。因為人們普遍認為：「政府理應補貼陷入困境的產業。」

金融危機之後，原本投向美國房地產的資金轉而投向英國等歐洲各國，導致這些國家產生了房地產泡沫。房地產泡沫破滅之後，金融機構陷入經營危機，政府不得不投入公共資金救市。這些情況又引發了財政危機，使整個歐元區陷入恐慌。

同時，中國為了防止金融危機引發經濟蕭條，連續五次降息，實施了總額高達四兆人民幣的大型經濟刺激政策。這導致中國國內發生了房地產泡沫的膨脹，以及之後的房價下跌。我認為中國政府至今仍未能有效處理房價下跌造成的金融機構，及地方政府的不良債權問題。

換言之，世界經濟至今仍未找到金融危機之後的新平衡狀態。

小泉內閣改革了什麼？

我在序章裡寫道，有一些事情在發生當時受到社會關注，被認為將會改變日本，但是放到歷史的長河中來看，其實卻是無足輕重的。

在六〇年代和七〇年代，安保鬥爭、全共鬥以及聯合赤軍等都屬於這類事件。可能這些運動的主導者們以為自己是在為革命奮鬥，但是在一個實際經濟成長率超過十%的社會，根本不可能爆發革命。人們相信「明日會比今日更富足」，不會要求改革體制。這些事件的主導者們缺乏的就是這種歷史觀點。

進入二十一世紀之後，二〇〇一年四月到二〇〇六年九月期間，小泉純一郎內閣所推行的經濟政策也屬於這一類型。人們一般認為小泉改革給日本帶來了巨大變化，可是事實果真如此嗎？

小泉內閣提出「結構改革無禁區」，放寬限制，推動國營事業民營化。相信很多人還記得，二〇〇五年面對郵政民營化相關法案的爭議，眾議院被迫解散，結果自民黨在「郵政選舉」中大獲全勝。把反對郵政民營化的人稱為「反抗勢力」，小泉的這些巧妙做法後來被稱為「劇場型政治」。

那麼當時小泉內閣所推行的改革到底是什麼呢?有人認為,他改革了財政投融資制度,將歷來由大藏省操盤的資金交給民間企業運用。

日本的郵政儲蓄和養老保險資金,過去一直是由大藏省資金運營部,以投資的方式提供給公庫、公團等特殊法人。但是從九〇年代開始,這些特殊法人由於管理方式不夠透明,遭到愈來愈多的批評,根據二〇〇一年對有關法律的修訂,大藏省資金運營部遭到撤銷,郵政儲蓄等相關資金的信託制度也被廢止。也就是說,早在小泉內閣成立之前,財政改革就已經結束,郵政儲蓄等資金實際上已經由郵政公社自己進行運用。所以僅就財政投融資改革來說,小泉內閣沒有任何作為。

小泉內閣所推動的,是對實際上在資金運用方面已經屬於民營化的郵政公社,在形式上實行民營化,為後來成立日本郵政股份有限公司鋪路。但這只是形式上的改變而非本質上的重要變化。

從政治角度來看,小泉內閣推行的「郵政民營化」確實具有很大的衝擊力。因為此舉打破了,一直由田中派掌控特定郵局這個巨大票倉的局面。然而這在經濟上並不具有重要意義。對小泉內閣改革了日本的這個觀點,我還是不敢苟同。

終章

我們應該何去何從

對泡沫感到不對勁

我在本書中多次提到「感覺不對勁」。關於這些不對勁的事，我想再做一些更深入的思考。

我想用「不對勁」這個詞表達一種不可思議的感覺，就是「這種情況明明不可能持續下去，可是人們卻一點都不覺得奇怪，而且不可能持續的情況，竟然一直在持續」的感覺。

我第一次對日本經濟有這種感覺，是在八〇年代後半期的泡沫經濟時期。地價和股價不斷上漲，高爾夫球場的開發者們一個接一個地變成億萬富翁。而認真工作的人卻買不起房子，不得不住在離工作地點愈來愈遠的郊外。日本企業在海外大出風頭，到處收購飯店和購物中心。最後甚至連紐約的洛克斐勒中心、加州的知名高爾夫球場也被日本企業買了下來。這些絕對不可能發生的事情，卻在現實中發生了。

在戰後復興時期、經濟高速成長時期，以及石油危機的年代，我從來沒有對什麼事情感到過「絕對不可能」。在經濟高速成長時期，日本實際經濟成長率每年都超過十%，達成了被世界稱為「奇蹟」的顯著發展。但那時我卻沒有「絕不可能的事正在發生」的感覺。因為在那個時代，所有日本人都在拚命工作。所以我覺得，日本理所當然會越來越富足。

六〇年代末期去美國時，我曾經為美國的富裕程度感到震驚，甚至對美日之間的差距之大感到不可思議。日本人的能力並不比美國人差，日本卻不像美國一樣富裕，我當時覺得難以理解。所以後來當日本與美國的差距越來越小，我一點也不感到有什麼不對勁。

對人們歡迎日圓貶值感到不對勁

我對日本經濟感受到的「不對勁」感覺，到九〇年代泡沫破滅之後也未能消失。而且有時候還會變得更為強烈。回顧到底哪些時候變得更強烈，我想就是日圓不斷貶值的時候。

九〇年代後半期，鋼鐵、造船等重工業被稱為「夕陽產業」或「結構性蕭條產業」。在世界經濟結構正在轉變之時，無論經濟景氣如何，這些行業的業績都難以好轉。但是，二〇〇四年左右日圓貶值之後，這些企業卻又起死回生般呈現出欣欣向榮的景象。

現在來看，這只是日圓貶值帶來的暫時性利潤增加，但那時卻被解釋為是因為「透過裁員和產業重組提高了競爭力」、「日本的生產技術是世界最高水準」等原因，而人們也普遍接受了這些解釋。

日圓貶值不可能成為解決世界經濟結構變化的對策。但日圓貶值能增加出口產業的利潤，於是股價就會上漲。人們因此產生錯覺，以為整個經濟出現好轉。於是人們開始祈禱這個狀態能永遠持續下去。二〇〇六年和二〇〇七年前後，經常見到「令人舒適的日圓貶值」的說法。

此外，出口產業以大企業居多，對政治具有很強的影響力。所以日本始終沒有採取糾正日圓貶值的經濟政策，這種異常的狀態才得以一直持續下去。

日本人變成了綠魔嗎？

第五章第一節提到，八〇年代泡沫經濟全盛時期，我曾經指出地價高漲是泡沫，早晚會破滅。但是沒有人相信我的警告。二〇〇四年日圓貶值時，我對朋友說：「日本的鋼鐵產業不可能會起死回生。」可是他卻一股腦地全盤否定了我的觀點。我絕望地想：「像他那麼聰明的人，為什麼就看不出來現在的局面不正常呢？」夏普的龜山工廠被稱讚為世界最先進的垂直整合型工廠。電子產品的世界潮流是水平分工，我實在不能理解人們為什麼要對夏普讚不絕口。

史蒂芬・金寫過一本名為《綠魔》（*The Tommyknockers*）的科幻小說。綠魔是遠古以前乘坐太空船墜落到地球的怪物。故事的大概情節是那艘坐著怪物的太空船，被人們挖掘出來，它散發出綠白色的光線，把村裡的居民紛紛變成了綠魔。與最近的殭屍電影中的殭屍不同，綠魔的外表沒有任何改變，但思考方式和價值觀等卻會發生變化，變成與過去完全不同的人。

我感到的那種「不對勁」的感覺，與小說中的主角感受的一模一樣。也就是某一天忽然發現周圍的人全都變得很奇怪的感覺。

更恐怖的是，史蒂芬·金特意在前言寫道：「本書情節純屬虛構，但綠魔卻真實存在。如果你以為我在開玩笑，那一定是你沒有注意新聞。」是這樣啊，那麼日本人莫非也是什麼時候，不小心被太空船發出的光線照到，全都變成了綠魔？

國王赤裸著身體走在大街上。這種情形多麼可笑，必須有人告訴他。然而誰也不去告訴他。於是國王就赤裸著身體繼續前進。這種奇怪的狀態究竟要持續到什麼時候？又或者，是我出了什麼問題嗎？

「不對勁」是因為「勞動致富」的原則不再成立

我前文寫道到：「不可能的事情正在發生。」那麼這個「不可能的事情」是指什麼呢？

答案其實非常簡單。我認為「想要過富足的生活，必須辛勤付出勞力工作」，而這個原則不再成立的狀態就是「不可能的事情」。也就是說，現實變成了「不用勞動就能收穫財富」。這是不可能的，至少是不可能長期持續的。

換句話說，就是出現了「無中生有」的情況。整個經濟的可利用資源總量沒有增加，有人變富就必然意味著有人變窮。所以，所有人全都不勞而獲的狀態，一定不會長久。

我認為這是極其簡單的道理，而且也是健全的觀點。

到七〇年代為止，日本人基本上都是信奉「勤勞致富」這個原則的。日本經濟得以成長，也是因為日本人辛勤地努力工作，增加了社會可利用資源的總量。

如果不勞而獲的人愈來愈多，這就說明社會正在走向錯誤的方向。八〇年代泡沫經濟時期，就屬於這種情況。運用理財技術就可以不付出勞力而獲得收益，或者不用任何資金就能開發高爾夫球場，累積起龐大的資產。甚至低買高賣藝術品也能獲得巨額利潤。

但是，這種情況不可能長期持續下去。因為所有人都不再腳踏實地工作的話，整個經濟就無法創造出附加價值，最後只會變成一場抽鬼牌的遊戲，因為，早晚會有人因此蒙受巨大的損失。

我對日圓貶值感到「不對勁」的原因也在於此。日圓貶值可以使出口企業的利潤自動增加，這也違反了前面的原則。因為企業獲得的利潤，來自於高價購買進口原物料的企業，或者購買價格上漲商品的消費者。

九〇年代以後，日本經濟陷入長期停滯狀態，這個時期被稱為「失落的二十年」。原因就在於許多日本人仍然認為：「即使不努力付出汗水勞動，只要日圓貶值，量化寬鬆政策持續，日本經濟就能自然好轉。」

日本至今沒有擺脫這種狀態。考慮製造業的各種情況，對日本的製造業來說，將生產基地遷到海外原本是正確的方向。但是隨著日圓不斷貶值，利潤增加的不是積極向海外拓展的企業，而是未能及時遷到海外的企業。從長期來看，也就是朝著正確方向前進的企業反而受到懲罰。我正是對這種情況感到「不對勁」。

解決照護問題必須依靠高生產率產業

說到另一個話題，如今大多數日本人最擔心的問題，應該是老年以後的生活吧。特別是對自己處於需要照護狀態時的生活，人們深感不安。

極少數的富豪當然可以住進像飯店一樣的高級養老院。但是大多數的老百姓該怎麼辦？

要解決這個問題，本來應該建造大量費用低廉的養老設施，在這裡照護需要受照顧的人們。但是現有的照護保險機制，不可能負擔維持這一體系的費用。

所以，厚生勞動省[27]將「家庭照護」作為基本方針。也就是讓老人儘量留在自己家裡接受照護服務。

厚生勞動省提出：「更多人願意選擇在自己家裡而非在養老院生活，所以家庭照

27　厚生勞動省是日本中央政府的主要部門之一，主要負責處理日本國民的健康、醫療、育兒、福利、照護、就業、勞動與養老金等業務。

護做法比養老設施中心做法更符合民眾需要。」確實，如果處於健康狀態而且生活能夠自理的話，誰都願意留在自己家裡。但問題是，在生活無法自理之後應該怎麼辦？

對此，政府提出充實及完善巡迴服務等援助機制，但大部分情況下還是不得不依靠住在一起的家人照料。但如果夫婦兩個人都需要照顧，或者獨居老人的話該怎麼辦呢？

不難看出，家庭照護系統無法解決這些問題。而且現實中已經出現類似問題。這就是「養老院難進入」的問題。雖然生活已經無法自理，但特別照護養老院已經人滿為患。因為住不進特別照護養老院，所以不得不在多個老人照護保健設施之間來回轉院。因為老人照護保健設施屬於短期療養設施，不允許長期滯留，最多三個月就得出院。

明明知道存在這些問題，但是由於沒有足夠經費支持以養老設施為中心的做法，所以日本不得不以家庭照護為中心。誰都知道老年照護問題很嚴重，但卻沒有人在現實問題出現之前，深入思考這個問題。因為老人照護問題確實是個棘手的難題。

那麼我為什麼要在這裡提出這個問題呢？因為只有日本整體收入增加，才能解決老人照護問題。為了收容無法在家庭照護的人，為他們提供充分的服務，就必須在現有的基礎上，提高整個日本經濟可利用的所有資源。

這正是「勤勞致富」原則的要求。因此，老人照護問題在照護這個小領域裡是無法解決的，這是整個日本經濟的問題。

用竹槍和水桶迎接超高齡社會

所以，需要考慮經濟政策的問題。我們必須努力工作，但並不是只要努力工作就一定能獲得富裕的生活。如果努力的方向不對也終將徒勞無功。現在日本面臨著產業結構無法因應世界經濟發展需要的問題。不解決這個問題，將來的日本就不會比現在更富裕。

因此，日本的經濟政策，必須關注在如何培育出將來能夠支撐日本社會發展的產業。考慮到人口高齡化的速度飛快，這是一個刻不容緩的課題。日本已經沒有時間再透過量化寬鬆政策，促使日圓貶值來敷衍一時，或者設定二％的物價上漲率等毫無意義的目標。

不轉換經濟政策，就如同戰爭時的領導者要求民眾「敵人投下燃燒彈，我們就靠傳水桶和日本精神把火撲滅」一樣，是極不負責任的行為。

七十年前保護日本民眾免遭B－29的空襲，需要高射炮部隊和防空戰鬥機。也就是說，物質上沒有充足準備，就無法保護國民。這與「勤勞致富」是同樣的道理。

我並不是主張「應該為了防禦而增強軍備」。不要輕易地發動戰爭才是最重要的事。我想強調的是，如果在不幸發生戰爭，而且日本列島已經處於B－29進攻範圍之內的前提下，沒有物質上的防禦手段，日本國民勢必成為殘酷空襲的犧牲者。

差點死在防空洞時，我還不到五歲，還不會想到這些事情。當時的我只能在極度的恐懼中瑟瑟發抖。但是如果我那時具備深入思考的能力，面對自己被迫陷入的處境，我一定不僅會感到難以理解，更會感到強烈的憤怒。

實際上，對於必須在戰爭中被迫面對那樣的困境，幾乎所有的日本人都感到憤怒。人們在戰後把這種政策批判為「竹槍主義」。再加上讓人們靠水桶來對抗燃燒彈的做法，也可以說是「竹槍和水桶主義」吧。日本人對於「沒有足夠的物質保障，就無法守護生命安全」這個理所當然的道理，應該是最能感同身受的。

但儘管如此，為什麼從八〇年代後半期開始，人們卻把這些道理忘得一乾二淨。為什麼會堅信「地價和股價都會無限上漲」，或者相信「實施量化寬鬆政策促使日圓貶值，日本經濟就能不費吹灰之力地好轉」的觀點呢。

甚至最終，人們竟然幻想「不靠增強產業實力，就能克服高齡化社會的難題」。政府宣稱，養老金制度不會破產，透過家庭照護可以解決老人的照護問題。對人口高齡化造成的勞動力不足問題，試圖透過鼓勵女性和老人加入勞動力市場，或者提高人口出生率來因應。但是，這些都不過是一廂情願的做法而已。鼓勵女性和老年人加入勞動力市場，需要配套的政策支援，可是目前為止卻沒有相關政策出爐。至於提高人口出生率，不要說還沒有有效的對策，即使實現了這個目標，在此之前的一段時期內，還會出現狀況反而會更加惡化的問題。因為即使人口出生率上升了，新生兒也需要二十年左右的時間，才能成為勞動力，這段期間的被扶養人口反而會增加。

總而言之，日本政府正在企圖再一次「依靠竹槍和水桶來解決高齡化問題」。這多麼可怕啊！

安倍內閣的經濟政策還是抓住戰後體制不放

不論提倡自由主義的市場經濟，還是社會主義經濟，都存在「勤勞致富」的原則。

至於「國家對經濟活動的干預是多一點好，還是少一點好」的問題，雖然與「勤勞致富」的原則密切相關，但從原理上來看，卻是人們爭論已久的另一個問題。說兩者密切相關，是因為如果國家干預過多，就會產生過度傾向於重視所得再分配的政策，結果也就更容易造成「不勞動也能生活下去」的情況。

在此我們要考慮的不是深入討論這一點，而是思考「政府對經濟的干預，是多一點更有利於經濟發展，還是少一點更有利於經濟發展」的問題。也就是「市場經濟和計畫經濟，哪個更好」的問題。

正如本書已經提到的，我認為這個問題的答案，因時代條件的不同而不同。特別是受到技術的影響很大。

一九七〇年之前的技術有利於重工業型、垂直整合型的生產方式。一九四〇年體制不是完全的市場經濟，國家干預在資源配置方面發揮了很大作用，因此是適合這一時代的。這也是這一時期日本經濟取得矚目發展的重要原因。

但是八〇年代以後的技術，需要往市場化的方向發展。因此以市場為核心的美國和英國的地位重新上升，而以組織為核心的日本和德國經濟則走向下坡路。

我曾經寫道：「解決老人照護問題，需要高生產率的新興產業。」新興產業是在市場競爭中產生的，而不是在政府的指導和保護下誕生的。九〇年代以後，ＩＴ領域的新興產業引領了美國經濟發展，這些企業並非在政府的指導下誕生，而是經過市場的洗禮而產生的。九〇年代以後的英國經濟仰賴先進的金融行業獲得成長，背景是稱為「金融大爆炸」的量化寬鬆政策，使新的金融機構加入到市場當中。

然而安倍晉三內閣所推行的經濟政策，卻傾向於否定市場作用，強化國家干預。例如政府干預原本應應由市場決定的薪資決定過程，政府卻指導企業提高薪資水準。此外還對日本銀行的獨立性持否定態度，透過購買巨額國債控制國債市場。才會導致現在的日本國債市場，喪失了原本的功能，變得扭曲不堪。

安倍內閣聲稱以「擺脫戰後體制」為目標。但是僅從經濟政策來看，他實際推動的政策卻是在恢復一九四〇年體制。換句話說，就是仍然「抓著戰後體制不放」。如上所述，一九四〇年體制中的政府干預型經濟制度，在一九八〇年代以後的經濟環境中已經失去效力。不顧世界經濟形勢的變化，仍然堅守政府干預型制度的做法，只能說是倒行逆施。

安倍晉三的政治態度一般被認為是「超保守派」。但他強化國家對經濟干預的一系列做法，從政治意識形態的角度來看卻不是保守主義。保守的經濟政策總是企圖將政府對經濟活動的干預，限制在最小範圍內，而安倍內閣的經濟政策卻與之恰恰相反。

回想當年，自由主義者小林一三曾經批評改革派官僚岸信介是「赤色分子」。應該如何評價一九四〇年體制的問題暫且不說，把岸信介稱為「赤色分子」這件事本身還是恰當的。如果小林活到現在，肯定也會批評安倍是「赤色分子」吧。

但是，如今在日本，對安倍內閣的經濟政策，卻沒有任何人從這個角度提出質疑。我對此感到難以置信，難道日本已經沒有保守主義者了嗎？或者日本已經根本沒有人對經濟政策的基本思想，予以深究了嗎？但是政府干預民間經濟活動的是非問題，對今後日本經濟的發展具有極其重要的意義。

從另一個意義來說，這種狀況也使我感到「不對勁」。

後記

能夠擺脫「腦中的一九四〇年體制」嗎？

在一次演講當中，有位聽眾向我提問：「日本企業不繼續堅持終身雇用制，日本經濟就不可能復甦吧？」

這個問題讓我從心底感到震驚。因為日本企業，特別是製造業等大型企業所面臨的最大問題，就是無法調整過剩的員工雇用問題。它們正因為這個原因無法轉換商業模式，從而在國際市場上失去競爭力。保障勞動者的生活當然是重要課題，但這不是民間企業的義務。完善社會保險制度，構建社會安全網，提高勞動力市場的流動性，方便人們轉換工作，這些都是政府的職責。

的確，在經濟高速成長時期，日本的企業（尤其是大企業）對員工提供了最基本的生活保障。員工們也對此寄予期待。但是正如本書論述的，這是在八〇年代之前的特殊經濟環境下，才能夠實現的。

而且重要的是，那時的員工也為了公司竭盡全力，可以說是無私奉獻。他們為公司成長貢獻了心力，因此得到了相對的回報。這也符合前文說的「勤勞致富」的原則。

但是這位向我提問的聽眾的想法大概是：「就算我什麼都不做，也總有別人在努力，所以還是讓公司來照顧我吧。」換言之他是想「依靠組織」。說得更詳細一點就是：「企業的社會責任，就是透過終身雇用制來保障員工的生活」。但遺憾的是，這同樣與「勤勞致富」原則背道而馳。

也就是說，一九四〇年體制本來是符合「勤勞致富」的原則，但不知從何時起，卻變成「依靠組織」的形式，並根深柢固地深入日本人的腦袋之中。

沒有人批評安倍內閣干預民間經濟活動的做法，大概也是因為日本人的腦袋裡已經被植入了「依靠組織」的觀念吧。

這種「腦袋裡的一九四〇年體制」才是現如今諸多問題的癥結所在。如果不能擺脫這種禁錮，日本將無法創造出美好的未來。

二〇一五年是第二次世界大戰結束七十周年。七十年的漫長歲月，幾乎相當於一個人的一生。想要在如此漫長的歲月中無視外部環境的變化，維持同一個體制不變是不可能的。

事實上，外部環境已經發生了日新月異的變化。因此需要能夠適應新環境的制度。例如在經濟成長戰略方面，現在政府所制定的計畫，與經濟高速成長時期制定的計畫，在本質上源於同樣的觀點。也就是說，是政府描繪出將來的藍圖，然後企圖把全國資源集中到這個方向。

但是在新的經濟環境中，這樣的成長戰略毫無作用。正如前文提出的，新興的成長產業是在市場競爭中生存下來的產業。因此政府的職責在於，促使市場的競爭環境趨於完善。事實上在美國，根本就沒有所謂政府的「成長戰略」。從這一點來說，日本需要從根本上反思成長戰略的思維方式。而且前文還提到「實施量化寬鬆政策，促使日圓貶值，就可以抬高股價，不辛勤工作也能獲得財富」的觀點也是謬誤。

從個人能力上看，我認為日本人具有很強的能力。或者說，其實我認為每個國家的國民在能力上都沒有太大的差別。差別只在於制度或組織是否滿足了人們「想努力工作」的需求。只用了不到十年的時間，日本就在第二次世界大戰結束後的一片焦土中快速復甦。在接下來的歲月中又邁向高速成長，戰勝了石油危機，使日本的製造業在世界中名列前茅。不過這些都是日本人付出辛苦的血汗所換來的成果。

我衷心期望，戰後七十周年能夠成為日本人，從根本上轉換思維方式的里程碑。

附錄：戰後七十年回顧年表

年表使用方式

1. 首先請讀者在「個人歷史記錄欄」中填上自己在相對應時期的年齡和學年（工作）等相關事項。
2. 這樣一來，上欄的「日本及世界動向」與讀者的個人史之間，將會建立起立體、有機的連結。
3. 請留意以粗字體表示的事項。大多數人應該都對這些人事有著深刻印象。那麼請嘗試回憶一下，你是在哪裡、如何得知這個消息的，以及當時你的身邊有哪些人，將這些細節記錄到「經歷」欄位裡，將有助於更生動地回憶起這些事件前後的情況。此外，讀者也可以將其他印象深刻的歷史事件與自己的個人史建立關聯。

年	月	日本及世界動向	年齡	學年（工作）	經歷
1945年		●序章、第1章			
	3月	東京大空襲			
	8月	美國在廣島、長崎投下原子彈			
	8月	**第二次世界大戰結束**			
	10月	幣原喜重郎內閣成立			
	12月	佔領軍總司令部下令進行農地改革			
1946年	1月	佔領軍總司令部開除軍國主義者的公職			
	2月	公布金融緊急措施令（更換新日圓）			
	4月	公布持股公司整理委員會令（開始瓦解財閥）			
	5月	第一次吉田茂內閣成立			
	11月	公布日本國憲法			
	12月	決定傾斜生產方式			
1947年	3月	開始實行六三三學制			
	5月	日本國憲法開始實施			
	5月	片山哲內閣成立			
1948年	3月	芦田均內閣成立			
	6月	昭和電工公司社長因涉嫌行賄被捕（昭和電工事件）			
	7月	第14屆倫敦奧運			
	8月	大韓民國宣布成立（李承晚擔任總統）			
	9月	朝鮮民主主義人民共和國成立（金日成擔任主席）			
	10月	第二次吉田內閣成立			

個人歷史記錄欄

年	月	日本及世界動向	年齡	學年（工作）	經歷
1949年	3月	佔領軍總司令部經濟顧問道奇提出道奇路線			
	4月	決定一美元兌換三百六十日圓的匯率			
	7月	下山事件、三鷹事件			
	8月	松川事件			
	8月	斯普稅制改革建議書公布			
	10月	中華人民共和國成立			
1950年	**6月**	**韓戰爆發**			
	8月	公布及實施警察預備隊令			
1951年	4月	佔領軍總司令部最高指揮官麥克阿瑟被罷免			
	9月	對日和平條約、美日安全保障條約簽署			
1952年	4月	對日和平條約、美日安全保障條約生效 美國結束佔領日本			
	7月	第15屆赫爾辛基奧運			
1953年	3月	史達林去世、股價暴跌			
	3月	赫魯雪夫成為蘇聯最高領導者			
	7月	韓戰停戰			
1954年	1月	地鐵丸之內線池袋至御茶水路段開通			
	2月	造船醜聞事件擴大			
	3月	美軍在比基尼環礁進行氫彈試驗，導致「第五福龍丸」號遭到輻射污染			
	5月	印度支那戰爭中，法軍奠邊府基地被攻陷			
	12月	鳩山一郎內閣成立			

個人歷史記錄欄

1955年	9月	日本加盟關貿總協定			
	10月	社會黨再次統一			
	11月	保守勢力聯合組成自由民主黨，形成一九五五年體制（1955～57年，神武景氣）			
1956年	7月	《經濟白皮書》宣布「不再是戰後」			
	11月	東海道主線實現全線電氣化			
	11月	第16屆墨爾本奧運			
	12月	日本加入聯合國			
	12月	石橋湛山內閣成立			
1957年	2月	岸信介內閣成立			
	10月	**蘇聯成功發射斯普尼克號人造衛星** （1957～58年，鍋底式蕭條）			
1958年	1月	歐洲經濟共同體成立			
	1月	中華人民共和國開始實行第二個五年計畫			
	12月	東京鐵塔完工儀式 （1958～61年，岩戶景氣）			
1959年	1月	古巴革命			
	4月	皇太子（明仁天皇）成婚典禮			
1960年		●第2章			
	1月	政府決定貿易、外匯自由化的基本方針			
	1月	新美日安全保障條約及行政協定在美國華盛頓簽署			
	6月	全學聯主流派四千人攻入國會			
	7月	岸內閣總辭職，池田勇人內閣成立			
	8月	第17屆羅馬奧運			
	12月	正式決定國民所得倍增計畫			

年	月	日本及世界動向	個人歷史記錄欄		
			年齡	學年（工作）	經歷
1961年	1月	甘迺迪就任美國總統			
	4月	蘇聯太空人加加林成功環繞地球一圈			
	8月	修建柏林圍牆			
1962年	10月	古巴危機			
1963年	**11月**	**甘迺迪遇刺**			
1964年	4月	日本成為國際貨幣基金組織第八條款國、加入經濟合作暨發展組織			
	4月	IBM公司發布360新系統			
	6月	新潟地震			
	10月	東海道新幹線開通			
	10月	**第18屆東京奧運**			
	10月	布列茲涅夫成為蘇聯最高領導者			
	11月	佐藤榮作內閣成立			
1965年	2月	美軍轟炸越南北部			
	5月	山一證券接受日銀特融			
	11月	中國文化大革命開始 （1965～70年，伊奘諾景氣）			
1966年	3月	日本總人口超過一億			
1967年	4月	東京都知事選舉，美濃部亮吉當選			
1968年	4月	霞關大廈完工			
	4月	東名高速公路，東京至厚木間路段通車			
	10月	第19屆墨西哥奧運			
	12月	三億日圓事件			

1969年	1月	東大安田禮堂攻防戰、東京大學停止入學考試			
	1月	尼克森就任美國總統			
	7月	**「阿波羅11號」達成人類首次登月壯舉**			
1970年	3月	日本大阪舉辦世界博覽會			
	3月	「淀」號劫機事件			
	11月	三島由紀夫切腹自殺			
1971年	8月	●第3章 尼克森震撼（美國停止美元與黃金的兌換）			
	12月	史密松寧協定			
1972年	2月	淺間山莊事件			
	7月	田中角榮內閣成立			
	8月	第20屆慕尼黑奧運			
	9月	發表中日建交公報			
1973年	2月	日圓開始實施變動匯率制			
	10月	**第一次石油危機**			
1974年	1月	**HP65**（世界首台可編程計算機）上市			
	8月	尼克森總統因水門事件辭職			
	12月	田中角榮因資金來源問題辭職、三木武夫內閣啟航			
1975年	4月	西貢被攻陷，南越政府投降			
1976年	7月	第21屆蒙特婁奧運			
	7月	前首相田中角榮被逮捕			
	9月	毛澤東去世			
	12月	福田赳夫內閣成立			

年	月	日本及世界動向	個人歷史記錄欄：年齡	個人歷史記錄欄：學年（工作）	個人歷史記錄欄：經歷
1977年	1月	卡特就任美國總統			
	6月	蘋果公司開始銷售 AppleII 電腦			
	9月	日本航空公司客機在達卡遭遇劫機事件			
1978年	5月	新東京國際機場（成田機場）開始營運			
	7月	電影《星際大戰》在日本上映			
	12月	大平正芳內閣成立			
1979年	1月	第二次石油危機			
	3月	三哩島發生核電廠事故			
	5月	保守黨領袖柴契爾出任英國首相			
	5月	日本電氣公司（NEC）公布個人電腦 PC-8001			
	7月	索尼公司開始銷售第一台 Walkman 隨身聽			
1980年		●第4章、第6章			
	7月	鈴木善幸內閣成立			
	7月	第22屆莫斯科奧運			
	9月	兩伊戰爭爆發			
1981年	1月	雷根就任美國總統			
	8月	IBM 個人電腦上市			
1982年	4月	福克蘭戰爭爆發			
	6月	東北新幹線（大宮至盛岡間路段）開始營運			
	11月	蘇聯列昂尼德總書記去世			
	11月	上越新幹線（大宮至新潟路段）開始營運			
	11月	中曾根康弘內閣成立			

1983年	4月	東京迪士尼樂園開幕			
	9月	大韓航空公司客機被蘇聯戰鬥機擊落			
1984年	**1月**	**AT&T 被拆分**			
	7月	第23屆洛杉磯奧運			
1985年	3月	戈巴契夫就任蘇聯最高領導者			
	3月	筑波世界博覽會開幕			
	4月	NTT、JT 公司開始營業			
	8月	**日本航空巨無霸客機墜機事故**			
	9月	廣場協議簽訂			
	11月	Microsoft Windows1.0 上市			
1986年	**4月**	**蘇聯發生車諾比核電廠爆炸事故**			
1987年	4月	國鐵民營化，JR 公司開始營業			
	10月	黑色星期一、股價大暴跌			
	11月	竹下登內閣啟航			
1988年	9月	第24屆漢城奧運			
1989年	1月	昭和天皇駕崩，皇太子明仁即位			
	1月	布希（老布希）就任美國總統			
	4月	開始徵收消費稅（3％）			
	6月	宇野宗佑內閣啟航			
	6月	天安門事件			
	6月	波蘭舉行第一次民主選舉，「團結工會」獲得勝選			
	8月	海部俊樹內閣成立			
	11月	**柏林圍牆倒塌**			
	12月	羅馬尼亞希奧塞古政權倒台			
	12月	東京政券交易所平均股價漲至 38,915 日圓，為日本史上最高峰			

年	月	日本及世界動向	個人歷史記錄欄 年齡	學年（工作）	經歷
1990年	 8月 10月 10月 11月 12月	●第5章、第6章 伊拉克入侵科威特 東京證券交易所股價跌破20,000日圓 德國統一 英國首相柴契爾辭職 團結工會領導人華勒沙在波蘭大選中獲勝			
1991年	1月 7月 7月 8月 11月 **12月**	多國部隊開始空襲伊拉克（波灣戰爭爆發） 葉爾欽就任俄羅斯共和國總統 大阪地方檢察院逮捕伊藤萬公司前社長河村良彥 戈巴契夫辭去蘇聯共產黨總書記職務 海部內閣總辭、宮澤喜一內閣成立 **蘇聯總統戈巴契夫辭職、蘇聯解體**			
1992年	7月 10月	第25屆巴塞隆納奧運 大藏省公布不良債權總額為約12兆日圓			
1993年	1月 6月 8月 11月	柯林頓就任美國總統 通過宮澤喜一內閣不信任案、眾議院解散 細川護熙聯合內閣啟航 歐盟正式成立			
1994年	4月 6月	羽田孜內閣啟航 村山富市內閣啟航			

1995年	**1月**	**阪神大地震**			
	3月	地下鐵沙林毒氣事件			
	8月	Microsoft Windows95 上市			
	12月	東京協和、安全信組事件			
1996年	1月	橋本龍太郎內閣啟航			
	5月	決定向住宅金融專業公司投入救助資金			
	7月	第26屆亞特蘭大奧運			
1997年	4月	提高消費稅稅率（從3％漲至5％）			
	11月	三洋證券破產			
	11月	北海道拓殖銀行宣布將營業權轉讓給北洋銀行			
	11月	山一證券自主停業			
1998年	4月	實施修訂的日本銀行法			
	7月	小淵惠三內閣啟航			
	10月	**日本長期信用銀行實施特別管理及國有化**			
	12月	日本債券信用銀行實施特別管理及國有化			
1999年	2月	日本銀行實施零利率政策			
	12月	俄羅斯總統葉爾欽辭職、由普丁代理總統			
2000年	3月	普丁在俄羅斯大選中當選總統			
	4月	照護保險制度開始實施			
	4月	森喜朗內閣啟航			
	9月	第27屆雪梨奧運			
2001年	1月	布希（小布希）就任美國總統			
	3月	日本銀行開始實施量化寬鬆政策			
	4月	小泉純一郎內閣啟航			
	9月	**美國遭受恐怖襲擊**			
	10月	iPod 上市			

年	月	日本及世界動向	個人歷史記錄欄 年齡	學年（工作）	經歷
2002年	1月	歐洲十二國統一貨幣「歐元」開始流通			
2003年	4月	美國對巴格達發動地面戰爭			
	9月	政府決定對里索那集團注入救助資金			
	12月	伊拉克前總統海珊被抓			
2004年	1月	外匯干預趨向大規模化			
	8月	第28屆雅典奧運			
	8月	谷歌首次公開募股（IPO）			
2005年	8月	小泉純一郎首相解散眾議院			
2006年	3月	日本銀行量化寬鬆政策結束			
	9月	第一次安倍晉三內閣啟航			
2007年	6月	iPhone 在美國開始銷售			
	8月	美國貝爾斯登公司使次級貸款問題浮出檯面			
	9月	福田康夫內閣啟航			
2008年	4月	晚期高齡者醫療制度開始實施			
	8月	第29屆北京奧運			
	9月	美國大型投資銀行雷曼兄弟公司申請破產保護			
	9月	麻生太郎內閣啟航			
	10月	美國政府決定投入7,000億美元救助資金			
	11月	美聯儲開始第一輪量化寬鬆政策			
2009年	1月	歐巴馬就任美國總統			
	8月	民主黨在眾議院選舉中敗北導致政權輪替			
	9月	鳩山由紀夫內閣啟航			

2010年	6月	菅直人內閣成立			
	11月	美聯儲實施第二輪量化寬鬆政策			
2011年	**3月**	**東日本大地震**			
	9月	野田佳彥內閣啟航			
2012年	7月	第30屆倫敦奧運			
	9月	歐洲央行決定無限制購入南歐國債			
	9月	美聯儲實施第三輪量化寬鬆政策			
	10月	日本銀行決定加強量化寬鬆政策			
	12月	第二次安倍晉三內閣啟航			
2013年	4月	日本銀行實施異次元量化寬鬆政策			
	6月	安倍內閣通過「日本復興戰略」			
2014年	4月	消費稅從5%提高到8%			
	6月	內閣通過「日本復興戰略2014修訂版」			
	10月	美聯儲結束第三輪量化寬鬆政策			
	10月	日本銀行決定追加量化寬鬆政策			
2015年	1月	歐洲央行決定量化寬鬆政策			

日本戰後經濟史（二版）
精闢解讀戰後復興、高速成長、泡沫經濟到安倍經濟學

戦後経済史　私たちはどこで間違えたのか

作　　者　野口悠紀雄
譯　　者　張玲
封面設計　廖韡
內頁排版　藍天圖物宣字社
責任編輯　王辰元
協力編輯　陳曉峯

發 行 人　蘇拾平
總 編 輯　蘇拾平
副總編輯　王辰元
資深主編　夏于翔
主　　編　李明瑾
業務發行　王綬晨、邱紹溢、劉文雅
行銷企劃　廖倚萱

出　　版　日出出版
231030新北市新店區北新路三段207-3號5樓
電話：（02）8913-1005　傳真：（02）8913-1056
網址：www.sunrisepress.com.tw
E-mail信箱：sunrisepress@andbooks.com.tw

發　　行　大雁出版基地
231030新北市新店區北新路三段207-3號5樓
電話：（02）8913-1005　傳真：（02）8913-1056
讀者服務信箱：andbooks@andbooks.com.tw
劃撥帳號：19983379　戶名：大雁文化事業股份有限公司

二版一刷　2024年1月
定　　價　500元
I S B N　978-626-7382-69-1
I S B N　978-626-7382-60-8(EPUB)

國家圖書館出版品預行編目（CIP）資料

日本戰後經濟史：精闢解讀戰後復興、高速成長、泡沫經濟到安倍經濟學／野口悠紀雄著；張玲譯 -- 二版. -- 新北市：日出出版：大雁出版基地, 2024.01

面； 公分

譯自：戦後経済史 私たちはどこで間違えたのか

ISBN 978-626-7382-69-1（平裝）

1.經濟史 2.日本

552.319 112022229